JN170782

有刺鉄線に捲き込まれた〝神様〟

武内正義

まえがき　にかえて

「有刺鉄線に捲き込まれても、
　俺は〝世間〟には捲き込まれない!!!!!!!!!」

大仁田　厚

またひとり、昭和の偉大なプロレスラーが消えていく…
さびしくもあり…
〝御苦労様でした〟の言葉しかでてこない…
「天龍源一郎」
邪道なリングに、正面からぶつかってくれた偉大なレスラー
俺は天龍さんのことを忘れない…

いみじくも両国で俺は、天龍さんからピンホールをとったあの日…
レスラーの友情は、偽札より信用できないと笑わせてくれた…
有刺鉄線電流爆破のリングで戦ったあの日は、絶対に忘れません…
ありがとうございました…
天龍さん…

そして、天龍さんが、教えてくれたことがある！
だって、
天龍さんの引退試合にプロレスファンが殺到した…じゃねえか！
まだまだプロレスファン存在するってことを、な!!!
確信したよ。
天龍さんの引退試合…
絶対に見逃してはいけないプロレス…
そして後輩たちに引き継ぐ

そんな気がしてならないのだ…
どんなに時代は変われども…
プロレスは永遠的な…
俺たちの青春なのだ♪
そんなことを、天龍さんの引退と、実は58歳を迎えた、俺の誕生日に思った。
照れくさいぜ…
だけどありがとなぁ♪
山近義幸さんからは
〝有刺鉄線〟ぐるぐるまきのケーキもらったよ。
横浜のリングでな。
が・・・照れくさくて、子供にあげちまったよ。
すまん・・・笑。

一つ一つ歴史を重ねていく…

俺の道は、どんな道なのか？…
たとえ奈落の底に落ちようと…
後悔ない人生にしたいもんだ…
人間は弱いし…
後悔ばかりなのかも？
だけど俺には…
まだまだたくさんの夢があるんだ…
だからそこが泥沼だろうと…
俺は這いつくばっても…
よじ登ってやるぜ…
そんな人生だもんな…
俺は！俺の人生を…
自分らしく生きてるんだ…

ついに、ついに、有刺鉄線の本がでるのか・・・。
武内さんの本がでるのか・・・。
すげえなあ。

Yahoo!で知ったのだが…
電流爆破の特許について
実は実用新案だったのだ。
それも２０１２年に期限切れだと…
まぁいいか…
期限切れだとしても
俺が考えた有刺鉄線電流爆破だから…
何故プロレス界に有刺鉄線電流爆破を？
従来型のプロレスに、プラス斬新なプロレスの形はないかと考えた…
新日本プロレスや、全日本プロレスにはテレビ局がついており放映権が入りパブリシティーも楽なのだ…
この2団体と同じことをやっていては
最初から負けを認めているもんだ…
弱者が、同じ戦略をとる・・・というのは、
「負け」
を決定的にさせている！
ランチェスター戦略っていうんだってな。
音楽も
クラッシックからハードロックなどなど
ジャンルは広いのだ…
そこで考えたのが、五感を痺れさせるコンテンツが有刺鉄線電流爆破だったのだ…
まぁ何をやってもプロレス界では邪道…
電流爆破が期限切れなら…

今度は、有刺鉄線ボードと
電流爆破バットで、実用新案を申請するか…
世の中は前向きに考えないと…
生きていけないぜ…

ファイヤー（笑）

先日、記者会見で、この特許について、しゃべってきたぜ。
確かに言われてみたら、
「回転寿司」
も6年がたって、期限がきれて、全国にブームとなった。
俺の〝有刺鉄線ボード〟〝有刺鉄線爆破〟がブームに・・・
なんてあるはずがないが・・・
特許はだしたいよな。

俺が、考えたんだから・・・・・笑。


「痛くないんですか？」

と聞く、アホがいる！

痛いにきまってんだろう！

痛くないはずないじゃないか!!!

痛みがわかるプロレスなんだよ！

ツイッターで、男女がやりとりしている…

「私の目の前で、机が真っ二つに…」

彼氏が…

「机に細工があるんだよ？」

また彼女が…

「だけどそんなことないよ
大人が二人も机にのってんだよ…？」

また彼が反論…
「なに言ってだよ、机を張り付けているんだよ」
ばか野郎…
この会場でみてみろよ！
俺のフェイスブックの写真みてみろよ。
連続写メを見てくれよ…
机を張り付けてもいないし
なんの細工もないだろう！
文句あるか！

男女に一言…
俺たちプロレスラーも一生懸命生きてんだ
八百長と言う文字と、戦っているんだぜ…
不思議なんだが、40年プロレスやっててもプロレス人生の答えはでない…
たぶんジャイアント馬場さんも、アントニオ猪木さんも
答えはでていないと思うんだ…
だけど人生は、おもしろいのだ…
なぜ俺は有刺鉄線を使ったのか…？
全日本と新日本の2強時代…
俺はいつも疑問に思っていることがあったのだ
なぜプロレスは八百長といわれるのか？

身体中を痛めても受け身をとり
痛い技を受けてもプロレスファンに認められても…
一般の人が安易にあれは八百長だよの一言で…
崩れそうになる自分がいたのだ
痛みやリングでの苦しさを、リアルに伝えることができないのか？

26歳の時！　左膝の粉砕骨折で引退を余儀なくされた男が…
もう一度リングに立つには
なんと言われようが（きわもの！　プロレスじゃあない）
人間は、切羽詰まった時にカッコつけてる場合じゃないのである。
これなら（有刺鉄線）痛みがダイレクトにお客さんに伝わるだろう…
俺は、身体中に１４４２針の縫い傷があるのだ！
これは俺の人生の歴史
誰に恥じることのない歴史なんだぜ。
人は時として誹謗、中傷するが
己の信じた道を生き続けるしかないのだ。

あと2年と2ヵ月、リングに立っていたい。
俺のプロレスに対する思いと原動力は
認めてもらいたいという！

思いでいっぱいなんだ…

失敗を恐れるな！

失敗も人生の肥やしだと思えば！

楽しいぜ♪


「痛みと死・・・そして知覧」

俺の体、みると、びっくりするぜ！

だがな・・・痛み・・・って、結局、

「死」

じゃないんだよ。

先日さあ・・・。

鹿児島の【知覧】に連れてってもらったんだよ。

あの陸軍特攻隊が１０３６名、お国のために飛ばれたっていう知覧だよ・・・。

山近さんがさあ、知覧の観光大使っていうからさあ・・・。

びっくりだよ。
山口県出身のくせにさあ・・・。
英霊の皆さんが、俺の周りに来られてダウンしました…
本当にびっくりだ。
初日はよかったんだよ。
山近さんの講義聴いたりさあ。
女将さんの、鳥濱初代さんの話を聴いたり・・・。
たぬきさんっていうすんごい女優の一人芝居を、目の前でみたり・・・。
ところが、翌朝から、体が、〝金縛り〟なんだよ。
嘘だと、思うだろうが、ほんとだ。
皆さんには迷惑、かけたよ。
が・・・選ばれたともおもってる。
夢を託されたと思って頑張ります…

俺たちインディー魂を持った奴らの聖地♪
新木場の朝
まさか、お客さんたちは、
俺が朝、金縛りにあってたとは気づかないだろうなあ・・・笑。
むしろ、いい動きができたよ。
TBSの取材も入っててさあ！
ビートたけしさんが、この日に、俺のこと言ってくれるしさあ。
不思議な
【伝承】
を感じた日だった・・・・・。

有刺鉄線に捲き込まれた・・・か…
俺も、たくさんの人たち…ものを！
会社を・・・。

たしかに捲き込んだよ。
武内さんもな。
山近さんもな。
だけどよぉ
たった一回の人生じゃねえか・・・。
胸、いっぱいに生きることが、悪いことか?
周囲を振り回していることは、みとめるよ…。

先日の試合で、ひとりの男の子に感動させられた…
なぜかリングを取り囲むみんなに混じって
小学生の子どもが駆け寄ってきたのだ。
リングに上げて、ふたりでペットボトルの水を頭からかぶったのだ。
俺の腰の辺りを、抱きしめる小さい手が震えながらも、
俺をしっかりと抱きしめている。

こんな光景は、プロレスのリングには存在しないだろうし…
批判的な意見もあるかもしれないが？
プロレスの未来支えるのは
こんな子どもたちじゃあないのか？
この子どもに向かって俺は！　吠えたのだ！
(お前！　俺を一生忘れるな♪　俺の名前は大仁田厚じゃあ)
言い終わった瞬間！　俺は涙が出てきたのだ。
なんとも言えない感情が涌き出てきたのだ。
俺はこの子どもに感動している？
俺の水を浴びながら、多分パンツまでびしょびしょ
だけど俺をぎゅっと抱きしめる小さい手
力は弱いが、子どもの鼓動を感じたのだ。
いいじゃあないか
こんな感動を感じさせてくれるプロレスがあっても。

おい♪　少年♪　一生一回
お前の好きなことを胸いっぱいやってみろ
もう一度言う♪
俺が！　俺が！　俺が！　大仁田厚じゃあ♪
ありがとよ♪

「ＦＭＷ復活と複雑な心境」
ＦＭＷは、俺たちの心の中にあるんじゃあ♪
いま深夜のジムにいる
奥の方で男の人がバイクを踏む音が聞こえてくる♪
俺の中のアドレナリンが、少しずつ下がっていくのを感じながら……
上野選手の言葉をリピートするのだ
「大仁田さん、僕らともう一回ＦＭＷをやってください」
過去を振り返る♪

だけど俺は、少しでも前を向いて歩きたいのだ
上野選手には痛いだろうが
「仲良しこよしのＦＭＷならやらないほうがいい」
お客さんたちよ、社会はシビヤだろう？
ちょっとでも失敗や成績が悪ければ
さようなら
現実はきびしいぜ！
昔の栄光なんて、くそくらえだ

上野！
高橋！
山近さん！

よおく聞け

お前たちは、その時代、新日本や全日本が相手にしてくれたか？
俺だって中古品のボロボロの選手だった
お前たちも、どこの団体も相手にされない
プロレス好きの少年だろう。
だけど才能だけが世の中の価値観だったら
ＦＭＷは、ガラクタが夢を見たくて集まった結晶なんだ・
その気持ちが、プロレスファンにストレートに伝わったんだ。
最後に、よく聞け♪
前を前だけを見て、胸いっぱいで走り抜ける勇気はあるのか？
お客さんだって必死に生きて
必死に働いているんだ。

義理と人情なんて古くさいかもしれないが
俺は人間として

前を、前だけ向いて歩きたいのだ♪
上野！　ボロボロになって、ボロ雑巾になる勇気と覚悟があるなら
ＦＭＷ
を続けろ・・・。

この本を手に取ったみなさんに言いたい
人に馬鹿馬鹿しいと思われても
自分が好きだと思う道を胸いっぱい歩く
俺はそんな人生が大好きです♪

追伸

「ＦＭＷと有刺鉄線と荒井社長」
先日の新木場で、始めて会場で口にしてしまった言葉…
〝荒井〟。
俺の中で、わだかまっていたもの…。
はっきり言って
俺はＦＭＷを憎んだ…
設立した俺を、追い出した団体だ！
荒井社長が亡くなり…
一部のファンの間では
俺が犯人扱い。
ＦＭＷを離れて４年も５年もたつのに

なんで俺が犯人か？
荒井社長の命日になると
ツイートに俺の悪口が書き込まれる。
もう何年も我慢したが
荒井社長は俺の盟友なのだ
助け船を出したが
断られた。
だが不思議に高橋部長が掲げたＦＭＷ
俺はこの日やっぱり愛を感じた…
心の底に封じ込めた思い
俺は！
俺は！
俺は！
ＦＭＷが大好きなんだぜ

俺を信じてくれる奴らがいる限り
ＦＭＷを守って行きたいと…
いまでも、荒井社長と５００円の定食を分けあって
食べたことを思い出すのだ…

—目　次—

第四章　大仁田さんあっての有刺鉄線

第五章 デスマッチに欠かせない数々の凶器

*の写真は木村百合江様より提供して頂きました。

第一章　大仁田厚大将との出会い

ヒールバス（悪役）の運転手になった

偶然というか、奇縁というか、運転手の仕事をしていたスイミングスクールが閉鎖になり、次の仕事を探していた時です。

たまたま私が住んでいる同じマンションの棟の人から、話があったんです。

その人はＦＭＷに、運転手付きでバスを提供していたオーナーさんで、ＦＭＷ担当の運転手が、急に辞めてしまい困っていて、明日には運転手が必要だということでした。そして、

「武内さん、仕事を探しているなら、その運転を手伝ってもらえませんか」と頼まれたわけなんです。

私としても、今までと同じ仕事だし、遊んでいるよりはましだと思い、「いいですよ」と迷いなく答えました。

ですから、特別にプロレスのバスを運転したいからＦＭＷのバスを運転しているの

ではないのです。

一九九三（平成五）年五月のことですので、もう二十二年も前になります。

運転手を頼まれて、翌日にはもう仕事に行きました。

担当したのは、辞めた運転手の替わりですから、ヒールバスです。長さが十二メートルある大型バスです。青ナンバー（観光バスのような大型の場合）には、大型の二種免許が必要ですが、白ナンバーでしたので、私が持っていた大型一種で運転が出来ました。

ヒールバスというのは悪役レスラーを乗せるバスのことで、もう一方のいい役は、ベビーフェイスと言います。

試合は、いい役と悪役との戦いになりますから、レスラーは試合会場に入る前から、ヒールとベビーフェイスの二つに分かれて移動するわけです。別れて会場に向うことで、戦う前から役になり切るということなんです。

左が伊藤レフリー

さて初日、バスのオーナーからは、「伊藤さんというレフリーがホテルにいるから、その人に聞いたらいい。全部教えてくれるから」と言われただけなんです。指定されたホテルに迎えに行き、試合会場にお連れすればいいのですが、なにせ選手といっても、私は誰一人知りません。

ホテルに着くと、タイミングよく一人の人が出てきたので、「伊藤さんですか」と声をかけたら、「違うよ。俺はレフリーじゃなくて選手だよ」と言われてしまい、もう最初っから間違ってしまったんです。

その人は、リッキーフジという選手で、

今もお付き合いがあるんですが、今だに「俺は伊藤じゃないよ」と言われてしまいます。

伊藤さんは英語が堪能で、外国の選手をまとめていましたね。

リング設営のデビューを果たす

プロレスの運転手というのは、選手を運ぶバスの他に、リング屋さんと言われる、リングを会場に設置するための道具を一式運ぶ運転手もいます。

その時に知り合ったのが漆山さんという方で、すぐに仲良くなって、リングの道具を運ぶ手伝いをするようになりました。私は、選手をお連れするだけなので、それが終われば時間が空くわけです。

その当時は、選手やスタッフが有刺鉄線を巻いていたのですが、私の目からみると、あんまり上手じゃない。手際とか、仕上がり状態とかが、よくないんです。

そんなことを漆山さんに話をしたら、「じゃあ、リングも手伝ってよ」と頼まれ、有刺鉄線に関わるようになりました。

頼まれたと言っても、最初はリングの四隅にある鉄柱から、巻き付けてあるロープを外して、その替わりに有刺鉄線を巻いて取り付けるだけだったんです。

有刺鉄線は、よく牧場なんかの柵に巻いてあるものと同じで、本物です。ですから引っかかると、痛さというのは半端じゃないです。作っている最中でも、切り傷はしょっちゅうしていました。

それでも、リング周りを自分も設営できることに、喜びを感じましたね。

後で話をしますが、モノづくりになると、どういう訳か私は、もっと良くしたいという気持ちが湧いて来て、有刺鉄線の巻き付け方も、こうしたらいいというアイデアが浮かんでくるんです。

有刺鉄線は、その名の如く、針が突き出た感じで編まれていますので、有刺鉄線を

通常のリングロープを外し有刺鉄線を取り付ける

二本とか三本を束にすると、お互いの有刺がひっかかって、引っ張っても弛《たる》んだままになってしまいます。

リングロープとして使う場合は、それでは、見た目は綺麗じゃない。

同じするなら、やはり綺麗な方が、気分もいいわけです。

では、どうしたか。

今も、その方法をとっていますが——鉄柱はリングの下にあるワイヤーで傾きが調整出来ますので——鉄柱を内側に倒してから有刺鉄線を取り付けます。そして鉄柱を垂直にすると、有刺鉄線がピーンと張るわけです。

そして私は、一九九三（平成五）年六月十五日、埼玉県にある吉川町総合体育館大会で開かれた試合で、リングの有刺鉄線ロープを全部任され、デビューを果たしました。

有刺鉄線と関わって、わずか一ヵ月ちょっとで任せてもらったわけですが、嬉しかったですね。

試合にかける大仁田さんの覚悟を知る

ヒールバスの運転をしていた私は、大仁田さんの、試合にかける心構えというか、覚悟というか、その真剣さを強く感じたことがあります。

大仁田さんに、叱られたんです。

試合というのは、常に、いい役と、悪い役が戦うだけではないんです。時には、悪役同士が戦う時もあるわけです。

その試合の時、私は会場まで悪役全員を一緒に乗せて行きました。「武内さん、それは違うよ。お互いが戦うんだから、途中でタクシーに乗せて、別々に会場に入るようにしなければダメだね」

と言われたんです。

この時、私は、〝はっ〟としました。この大仁田さんの、試合にかける心の細かさ。いい加減な試合はしないという妥協なき精神。そのことに気づいたんです。

私は、一瞬にして大仁田さんの虜《とりこ》になってしまったんです。その思いがあって私は、大仁田さんのことを「大将」と呼んでいます。いい大将に巡り会えたと思っています。

その悪役は、いかに悪役に徹するかが、悪役としての役割になります。そこで必要になってくるのが、凶器です。

私がリングの設営で、有刺鉄線を扱っているのがわかると、悪役は私に凶器を作ってくれと頼んでくるようになりました。

悪役にとって凶器は、自分を売る道具でもあるわけです。

手っ取り早く、フォークを凶器として使いたいので、ホテルから拝借してきてほしいと頼まれたこともあります。

有刺鉄線では、様々作ってきました。例えば、ファイヤーバットというのがあります。野球のバットに、まず布を巻いて、その上から有刺鉄線を巻きつけて、使う時に灯油をかけて火をつけます。それを持って、思い切り相手の腹などを叩きつけます。

変ったところでは、頭突きの得意な選手がいたんですね。その攻撃に遭うと、相当にダメージがある。それに対抗する凶器を作るということで、ヘルメットに有刺鉄線を巻いて欲しいと頼まれ、作ったことがあります。

また、キックボクシングをやっていた人が、得意な蹴りを必殺技にしたいと言って、すねのサポーターに有刺鉄線をつけて欲しいという依頼もありました。すねのサポーターは厚い皮で出来ていて、本人には刺さないんですね。

それぞれの選手によって、いろんなものに有刺鉄線をつけて欲しいという要望があります。その要望に応えて、「これでどうですか」という形でやってきました。

他にも凶器は作っていますので、後のページで紹介します。

心に残る温かい思い出

悪役で有名なブッチャーさんやテリー・ファンクさんも、ヒールバスの大事なお客様です。ブッチャーさん達が泊まるホテルは、一般の選手よりも上のランクでしたので、そのホテルにも出迎えをしていました。

私の役目は、そうしたホテルまでの送り迎えと、来日の際には成田まで迎えにいったり、帰国する時には送ったりもしていました。

試合前のブッチャーさん達は、本当に怖い存在でした。顔つきが普段とは、まるで違います。相手が子供と言えども容赦しません。近くにいますので、それがよくわかりました。

ところが試合が終わると、本当に穏やかな表情になり、ジャイアント馬場さんも好きだった同じ葉巻を吸っている姿は、格好いい叔父さんで紳士でした。

試合の日程を終えて帰国する際、飛行場までお連れするわけですが、必ず握手をしてくれます。そして、私のことを「ボス」と呼んでくれていましたので、

「ボス、ありがとう」

と言って、一万円札を目立たないように、小指位の大きさに巻いて、私にこっそりと渡してくれるんです。これはブッチャーさんも、テリー・ファンクさんもそうでしたね。その心遣いが、本当に有難かったです。

また、ブッチャーさんからは、奥さんが作ったというバンダナを貰ったことがあります。それは、今も大切にして持っています。

町の喧嘩ルール、凶器は何を使ってもいい

いま、凶器の話をしましたが、正統派のプロレスで使えば反則になります。ですから使うことは邪道になります。ですから通常であれば、凶器は必要ないわけです。ところがプロレスには、団体によっていろんな戦い方があります。その団体によって戦いのルールが違ってきます。団体のトップの考え方で決まってくるからです。

大仁田さんが一九八九（平成元）年七月にFMWを立ち上げる前までは、まじめなレスリングスタイルのプロレスが主流でした。そこに大仁田さんが、邪道のプロレスを持ち込んだわけです。

それは、それまでのプロレスを大きく変える一大事業とも言える流れを作っていきました。

大仁田さんは、独自路線ということで、プロレス界のインディーとして立ち上がりました。有名な団体から一線を画して、独自の価値観で試合をするという戦いです。

あくまでインディーを守るという路線をとったわけです。

それは、悪役をきっちりと入れていくということです。

どういうことか。

戦い方のルールを、〝町の喧嘩ルール〟でやるということにしたのです。

この変わり種のルールを以て、プロレス界でインディーを言い始めたのは、大仁田さんなんです。

町の喧嘩ルールとは、凶器を使ってもいいし、何してもいい。ただレフリーが選手の命に危険があるとみなした時だけ、ストップできるというものです。

それが一九八九（平成元）年に立ち上げたFMWの基本的考え方になっているわけです。

最初は、それに参加しようとする他の団体の選手はいなく、もちろんプロレス仲間として手伝うというか、一緒にやるという人もいなかったと聞いています。

田舎での試合では、数十人程度しか集まらなかった時もあったようです。

でも徐々に、大仁田さんの仕掛けで、他の団体から参戦してくる選手が出てきて、FMWは盛り上がっていきます。

凶器の一つ、有刺鉄線バットを持つ武内さん

プロレスに一大ブームを引き起こしたＦＭＷ

選手として力があればあるほど、その力を人に見せたい。と思うのは、戦う人間として当然の思いです。そんな心を刺激するように、

「お前は、我々からの挑戦に、戦わずして引き下がってしまうのか」

なんて言われたら、ただでさえ男気の強い者にとっては、黙って聞き流すわけにはいかない。

「じゃ、やってやろうじゃないか」

ということになります。

また、ＦＭＷのプロレススタイルを初めて観戦したお客さんは、その独特の快感を味わい、口コミで広めてくれた。

そんなことで、参戦者も観客数も増えていった。

邪道として、ほとんど相手にされなかった状態でスタートしたＦＭＷですが、

一九九三（平成五）年五月五日には川崎球場で、対戦相手がテリー・ファンクということもあって、四万人を超す観客を集めるまでになったのです。

川崎球場は野球場ですので、スタンドの収容人数は三万人は入らないんですね。ところがプロレスの場合は、グランドに椅子を置いて席を作ることができますから、それだけの動員が出来たわけです。たしか、川崎市長から、動員の記録を作ったとして表彰されているはずです。

そして一九九四年五月五日、今度は川崎球場で天龍源一郎とノーロープ有刺鉄線金網電流爆破マッチを戦っています。

そしてその丁度一年後、大仁田さんは引退を表明します。

その理由は、私にはいまだわかりませんが、引退表明した後の試合が、凄かったですね。盛り上がりが半端じゃないんです。一年間で一五〇試合以上やったと思います。

その後、引退表明の言葉通り、大仁田さんは引退し、ＦＭＷは後継者に引き継がれます。あれほど盛り上がっていたＦＭＷは、徐々に観客数を減らし、ついに二〇〇二（平成十四）年に幕を閉じてしまいます。

その間、大仁田さんは参議院議員を六年間務め、公務を果たすことに専念し、プロレスから離れます。

ところが、大仁田さんの心の内に潜んでいたプロレス魂が頭をもたげ、大仁田さんはまた、プロレスへの道を進み始めました。

「武内さん、今度やるからまた手伝ってよ」

と声がかかったのです。

二〇一二（平成二十四）年五月十二日、東京・新宿のＦＡＣＥで六人タッグを戦った大仁田さんは、同年八月には横浜文化体育館で、ＺＥＲＯ１主催の、曙とノーロープ有刺鉄線バリケードマットダブルヘル・メガトン電流爆破デスマッチで対決します。

翌年の二月にも、大阪で曙と戦っています。

他に、幾つかの試合で戦った後の二〇一五（平成二十七）年五月、「超戦闘プロレスＦＭＷ」としてＦＭＷは復活を果たします。

大将からは、

「還暦までやるから、もう三年あるよ。その間で爆破マッチを二十回はやりたいんだ。だから付き合ってよ」

と言われています。私も、なんとか続けられるように、頑張っていきたいと思っています。

そして現在、ＦＭＷはこの八月（二〇一五年）に、オーナーが山近義幸さんに替わっています。

第二章　有刺鉄線職人・武内正義という男

レスラーからの一言

世界一美しく、世界一痛い有刺鉄線マスター

サブゥー

「タケウチの想い出」を聞かせろって!?

冗談じゃねぇ! あんなクソヤローは他にいないぜ!!

ワハハ・・・!!（爆笑）

FMWでは、外国人レスラーの移動バスの運転手がタケウチだったんだが、長距離の移動ともなると誰もが抱える問題がある。

わかるか?

トイレだよ!

タケウチはな、シークのオヤジが「トイレに行きたい」というと、笑顔で「OK!」

と答えて休憩所に寄るんだ。

シーク選手と武内さん

だけど、当時はヤングボーイだった俺が「トイレに行きたいから、バスを止めてください」って頼んでも、冷たく「NO!!」といって走り続けやがった。シークのオヤジの前で『お漏らし』するわけにはいかないから、俺は必死に我慢したんだぜ（笑）。

それも何度もあった。だから、今でもタケウチのことはクソヤローだと思ってるんだ（苦笑）。

そんなクソヤローのタケウチだけど、彼が作る有刺鉄線のアイテムは世界一だよ。世界中で、有刺鉄線を使ったハードコアマッチをしている俺が証言しているんだから間違いないぜ。

タケウチが作る有刺鉄線アイテムは、とにかく美しい。ただ単にボードに有刺鉄線を貼り付けたものとは比べものにならないぞ。

ただ唯一、タケウチの有刺鉄線アイテムには大きな欠点がある。

それはな、とにかく痛いんだよ！

有刺鉄線だから痛いのは当たり前なんだが、他のヤツが作ったアイテムより確実に痛いのは何故だ!?

つまりタケウチは世界一美しく、世界一痛い有刺鉄線マスターだってことだな。

クソヤローだけど(爆笑)!

タケウチの面白い話があるぞ。

聞きたいか?

まだマイク(・アッサム＝ザ・グラジエーター)が生きていた頃で、ホーレス・ボウダーや、もちろんシークのオヤジも一緒にタケウチが運転するバスで移動していたんだ。

場所は覚えていないが、とにかく猛スピードで次の試合地を目指してスッ飛ばしていたら白バイに追いかけられて捕まっちまった。

まぁ、これは仕方ねぇ。

タケウチがポリスから紙切れを貰って、また走り出したんだが、三十分も経たない間に今度はパトカーに捕まりやがった(笑)。

バスを降りてポリスと話しているタケウチを見て、シークのオヤジが「ヤツを助けろ」と一言。

俺、マイク、ボウダーがバスを降りたらポリスは目を丸くしていたよ（笑）。

俺たちはポリスを取り囲み「少し前にも捕まったばかりなんだから許してくれ！」って大声でお願いしたんだ。もちろん英語でな。

脅した!?

違う！　お願いしたんだ!!

その甲斐あってか、ポリスは許してくれたんだ（笑）。

バスに戻った俺たちは、大笑いしながらタケウチにいったよ。

「お前はクレイジー・デンジャラス・ドライバーだ」ってな!!

あれから何年も経ったけど、タケウチが今でも俺が尊敬するオーニタと一緒に仕事をしていることを嬉しく思う。

また日本に行く機会があれば、タケウチの作った、世界一美しくて、世界一痛い有刺鉄線アイテムを使った、ハードコアマッチを見せたい。

それまではタケウチにはクソヤローらしく（笑）、いつまでも元気にいてもらいたいものだよ。」

サブゥー選手(右)と武内さん

強烈なパンチの効いた、サブゥーさんからのメッセージ、ありがとうございます。励ましの言葉として受け止め、有刺鉄線職人として、さらに精進します。みんなを本当に楽しませてくれる、本物の名選手であるサブゥーさん、本当にありがとうございます。

モノづくりが大好きだった子供時代

さて、私の生まれから話をしましょう。

東京奥多摩の古里《こり》というところで、昭和二十三年に生まれました。小学校五年生ぐらいまでそこにいました。

小さいころからモノを作るのが好きで、竹とんぼを作ったり、弓矢を作ったり、チャンバラもやりましたね。チャンバラの刀は、私が友達の分まで作り、みんなに渡したりしていました。

今と違ってテレビやゲームがありませんから、友達とみんなで外に出て遊ぶわけですが、私の場合は、他の子供と違って、小刀一本持って、いろんなモノを作り友達に渡しながら楽しんでいたわけです。

小刀で自分の手を切ったりしたこともありましたけど、でもその時にそういう痛みとかも覚えましたたし、何より作る楽しみも覚えました。

うちの親父さんは兵隊に行くまでは、日本橋須田町の交差点と秋葉原からの交差点の間くらいの所で、呉服屋さんをやっていました。その時におふくろさんが、日本橋界隈に働きに来ていて、それで知り合って一緒になったようです。

それからすぐに親父さんは、戦争に行ってしまったんです。帰ってきたのが昭和二十二年で、それで私が生まれました。ですから親父さんが戦争から帰ってきて、すぐの子供なんです。

戦争に行く前に、すでに姉さまと兄貴の二人いました。私がその下で、三番目になります。その下に妹と弟がいるんですが、弟と姉さんはもう亡くなっています。姉さん、兄貴、私、妹、弟、の順ですから、姉、兄、妹、弟と、上と下に一人ずつ男、女がいたことになります。

親父さんは、戦争から帰ってきてから、奥多摩の古里に疎開して、お豆腐屋さんを始めたんですね。

戦争が終わってから、昭和二十二年に帰還するまでは、ずっと満州のハルピンで抑留されていたと聞いています。

様々な仕事の経験が次に生きてきた

私は、モノづくりが好きな少年でしたが、中学とか高校とかは、普通の子供でした。強いて自慢するようなものは、何もなかったですね。

高校は工業高校の機械科に入ったのですが、三年目で学校に行かなくなってしまいました。友達と遊びまわっていて、学業がおろそかになって辞めてしまったのです。自分では、何かを作るのが好きだからというので、機械科に行ったのですが、三年生に上がる時に単位が足りなくて、上がれなくなってしまったんです。それで、学校を辞めました。

学校は定時制で、仕事は、当時立川にあったリッカーミシンの工場に勤めておりました。所属は塗装課で、塗装の仕事をしていましたが、十八歳になってすぐに車の免許を取りにいきました。

その頃は、十八歳で普通免許と大型と両方取れました。幸いに大型免許も取ることができたので、仕事を変え、多摩運送という運送屋さんに入り、大型車を運転していました。

遠くにいろいろ配達をしていましたね。お米の配達もしていました。

今の米袋は三十キロですが、当時のお米は六十キロ（マタイという麻袋）が一袋でしたから、六十キロの袋を持って、お店に運んだりするわけです。一回トラックに積むのが、二〇〇から三〇〇袋です。かなりの力仕事でした。

でも、お陰様で自然に体が鍛えられました。

この頃は、まだ若いということもあって、一定の職場で長くは勤めていません。

二十二〜三歳の時に運送屋さんを辞めて、鹿島建設の下請けに入っている今井鉄工という鉄骨屋さんで働きました。

ここでは、いろいろ勉強させてもらいました。それが今に役立っています。

基本は、運転手として入ったわけですから、運ぶだけでいいわけですが、この会社では、何でもさせられました。溶接の資格もとっていないのに、溶接をやれとか言われるわけです。

先輩の仕事を、見よう見真似でやりました。するとだんだん上手になる。お陰で、溶接したり、切断したり、鉄骨を加工する技術を身に付けました。

ある時は、学校の門扉を運ぶことになっていたのですが、工事をする人間がいないので、「武内、お前やってこい」と言われたんですね。

全く、やったことがありません。でも会社の命令ですから、やらなければなりません。以前、取付を見ていたことを思い出しながら、レールの水平をとったりしてなんとか設置することができました。

できません。わかりません。と言うことが許されない時代だったので、どうやったら出来るのかを自分で考えるより方法はなかったわけです。そうやって真剣に考えると、アイデアが浮かんでくるのです。

これは、仕事をする上で、とても大事で、いい勉強をさせてもらったと思っています。有刺鉄線でも、工夫するという点では、同じなんですね。

浜松町に貿易センタービルがありますが、建設の時、私も工事に行っています。自分が関わった建物を今も見られる。懐かしさと共に、作る喜びの象徴として嬉しく思っています。

そして、また転職です。運送業の時に、普通車の二種免許も取っていましたので、鉄工所を辞めてからタクシーの運転手をやっていました。

その次は、お寿司屋さんです。最初は出前持ちだけでしたが、握りも勉強させてもらいました。

それからは、会社は変わっても、仕事はほとんど車の運転でした。

寿司屋を辞めて、またタクシーの運転手をやったり、スイミングスクールの運転手をやったりしていたわけですが、そのスイミングスクールが閉鎖になり、仕事を探している時に、大仁田さんのところと縁ができたということです。

工夫することで新たな人生の展開があった

スイミングスクールの時に、モノづくりということで思い出があります。そのスイミングスクールでは、春と秋に子供達をどこかに遊びに連れていっていました。

その時に、何の遊びもないのでは楽しくないだろうなと考えていたら、昔、自分がやって楽しかった、竹とんぼづくりを思い出したんです。

少しでも子供達に、その楽しさを味わって欲しいと思い、素材の竹を自分で準備し、それを削り完成間近の形まで作り上げました。

出来上がったものを、ただ渡して飛ばすだけでは、私が子供達に一番感じてもらいたい、作る喜びを感じてもらえませんので、渡し方も工夫しました。

作る喜びというのは、体験して初めて感じるものです。子供達に、それをぜひ体験してもらいたいと思ったのです。

子供達は、一〇〇人位いたと思います。私が作った竹とんぼを子供達に「穴はここを中心に開けるんだよ」とか「飛ばしながら、自分で羽を削ってみると、また面白いよ」とか言って渡したんです。

喜んでくれましたね。

子供たちの笑顔は忘れられません。

その姿を見て、私も嬉しい。

その時私は、子供達にも、ナイフとか、小刀とか、キリとかを全部持たせました。

いまは何でも便利になって、小刀で鉛筆を削るなんてことはなくなっていますが、モノ作りというのは、やってみると本当に楽しいものです。

ですから子供達は喜んで穴を開けたり、削ったりしていました。もちろん、怪我をしないように使い方をきちんと教えてのことです。

自分が子供の時にやっていたことが、こんなして役立つものかと思い、モノづくりの素晴らしさを改めて感じました。だから、スイミングスクールで子供達と遊べたこともいい体験になっています。

ですから基本的に、モノを作ったりするのが、自分では好きなんですね。好きということは、竹とんぼなら、もっと高く飛ばそうとか、もっと長く飛ばそうとかになるわけです。それでうまくいけば、また更に工夫したりする。

そんなことで、自然とモノづくりの楽しさを身につけていったのだと思います。

それが商売になるとは、全然思ってもいなかったですね。

好きなのは小説『宮本武蔵』と自分の名前

大仁田さんとの出会いで私は、今も有刺鉄線の職人としての仕事があるわけですが、本当に有り難く、そして嬉しく思っています。

人との出会いで〝人生は変わる〟と言われますが、まさにその通りだと思います。本もまた、生き方を教えてくれます。

義理の兄が学校の先生をしており、沢山本を持っていました。そんなこともあって私も本を読みますが、中でも好きな小説は、吉川英治の『宮本武蔵』です。全八巻もあるんですが、読んだら面白い。だから、本当に好きなんです。

吉川英治の作品は、どれもそう感じますが、登場人物が活き活きと描かれています。だから読んでいて、面白いと同時に、生き方の勉強になります。

武蔵にとって、沢庵との出会いは、その後の人生を大きく変えていますね。

それから、どうやって戦いに勝つか、武蔵の戦いは常に真剣勝負ですから、負けることは死を意味します。そこに、ギリギリ、考えに考え抜いて行動に出るという生き方が生れます。

私のモノづくりと、武蔵の生き方とは、比べようもありませんが、真剣に考えて工夫するということは似ていると思います。

もう一つ、二刀流というのも、何か私の人生に重なっています。小説を読みながら、「自分も二刀流になるのかな」と思ったことがあります。実際にそうなっていますので、不思議です。

それと私の生き方の芯になっているのが、自分の名前です。正義と書いて、マサヨシと呼びますが、通常で読めば、セイギです。このセイギの言葉が、なんと言っても好きなんです。ですから、物事を考えたり、何かをしようとする時には、私の場合、セイギが基準になるのです。

大げさなことは言えませんが、こういう芯となる言葉を持っているかどうかは、生きていく上で、とても大事だと思っています。

吉田松陰先生が、玉木文之進の長男・彦助に、元服の祝いとして牢獄から贈った

「士規七則」があります。武士は、いかに生きるべきかを教えたものですが、その三番目に「士の道は義より大なるはなし。義は勇に因《よ》りて行われ、勇は義に因りて長ず」と書かれています。

武士の道は、義より大きいものはないと教えています。

私は武士ではありませんが、義の心を持つことは、とても大事なことだと思っていて、正義の名前に誇りを持っています。

第三章　大仁田さんのプロレス人生を支えたい

レスラーからの一言

親しみを込めて『神様』って呼んでいます

保坂秀樹

おー！　武内さんの本が出るんですか!?

嬉しいなぁ。

武内さんと僕は、ＦＭＷではほぼ同期なんですよ。ここだけの話、当時は僕の悩みやら愚痴を結構聞いてもらいました。

僕は武内さんを、親しみを込めて『神様』って呼んでいました。

武内さん…と聞いて、絶対に忘れられないエピソードがあります。

プロレス界には『ハネ発ち』といって、巡業中に試合地に宿泊せずに、試合が終わったらそのまま次の試合地に出発することがあるんです。

ＦＭＷでは、その『ハネ発ち』が結構多かったんですよ。

で、その巡業バスのドライバーが、武内さんの仕事のひとつだったのですけど、夜中の長距離移動を一人で運転する訳です。

選手はバスが走り出すと無駄なおしゃべりもせずにソッコー寝てしまいます（笑）。

ある日のこと、いつものように爆睡していると、

『コンコンコンコン……』

と、不思議な音が聞こえて目が覚めました。

音は運転席の方から聞こえてきます。

そっと運転席の近くに行くと、武内さんが運転しながらこん棒のようなもので自分の頭を叩いています。

僕がビックリして、

「神様！　何をしているんですか!?」

と尋ねると、

「な〜に、眠くなってきたから、気合いを入れてただけだよ」

と、笑顔で答えた武内さん。

武内さんの薄い（失礼！）頭が真っ赤になっているのを見て、武内さんは選手を安

全に次の試合地に運ぶために、我が身を犠牲にしてまで頑張っているんだと知りました。

武内さんのプロ根性を目の当たりにした僕は、武内さんが本物の『神様』に見えました。

北海道羽幌大会の試合前。

大仁田さん「おい保坂！　こんなところに落武者がいるぞ!!」

僕「・・・？」

大仁田さん「落武者だ（爆笑）！」

そこにはロン毛にしていた武内さんが、なぜかボサボサの頭で立っていました（笑）。

当時から頭頂部がハゲていた（失礼！）武内さんが、ロン毛にしてたのが大仁田さん的にツボだったようで、大仁田さんの爆笑がしばらく止まりませんでした。

頭といえば！

武内さんは外国人選手の巡業バスのドライバーをしていたので、よく外国人選手か

ら
「お前も金髪にしろ」

とか言われていました。

そうしたら、本当に金髪に染めちゃったことがありました（笑）。

武内さんの髪型（？）と相まって、みんなから
「ハルク・ホーガンそっくり！」

「ハルク・タケウチの誕生だ」

などと言われ、ご満悦の武内さんの表情も忘れられません。

博多では高速道路を走行中に、いきなり急ブレーキ！

何事かと思ったらバックをしたこともありました。

どうやら高速道路の出口を通り過ぎてしまったらしく、慌ててバックした模様でした。

選手一同、肝を冷やしましたが、当の武内さんは涼しい顔をして運転を続けていました。

さすが『神様』！

有刺鉄線を使って試合をしている以上、僕たち選手も刺し傷や切り傷を負うのは覚悟していますが、武内さんは選手が余計なケガをすることを嫌います。

それだけに試合後に控室に来て、大仁田さんや僕たちに有刺鉄線ボードに不具合がなかったかを必ず聞きに来ます。

もしかしたら、僕たち選手でもわからない部分で改良をしているのかも知れません。

有刺鉄線職人や巡業バスのドライバーなど、いくつもの顔を持つ武内さん。

いつまでも元気にこの分野の第一人者として活躍してもらいたいです。

神様！

あなたが死ぬ時は畳の上ではなく、有刺鉄線ボードの上ですよ!!

保坂秀樹選手

プロレスに新たな風を吹き込んだFMW

大仁田さんのプロレス人生は、まさに波乱万丈です。

私がヒールバスの運転手になった一九九三（平成五）年の時は、すでにプロレス界に新らしいプロレススタイルを吹き込んでいました。

ただ九三年というのは、九州巡業中の二月に鹿児島で倒れ、三十八日間入院しているんですね。三十八日間ですから、相当に辛かったと思います。

しかし、精神的にも肉体的にも強靭なんでしょうね。九三年の八月二十二日には、兵庫の西宮阪急スタジアムで、ミスター・ポーゴとノーロープ有刺鉄線電流地雷監獄時限爆弾デスマッチで対戦し勝利しています。

また十二月八日には、東京国際見本市会場ドーム館で、松永光弘と室内で初めての電流爆破デスマッチを戦って勝利しています。

松永光弘と言えば、大仁田さんがＦＭＷを立ち上げて最初の試合で戦った人ですね。

大仁田さんは、なんで有刺鉄線や爆破を使うようになったのでしょうか。

私の感じるところでは、一人のプロレスラーとして、プロレスに新たなジャンルを開いて、新たなプロレスファンを作りたい、という強い思いがあったからだと思うんです。

アメリカでの修行中、二十五歳でＮＷＡインターナショナル・ジュニア王座を獲得するという実績を挙げて帰国したものの、八四年に、ひざを負傷し、引退の決意をしなければならなくなったんですね。

プロレス人生としてはまだ若い、二十七歳の時です。

しかし大仁田さんはプロレスを諦めなかった。

そこで一九八八（昭和六十三）年に、正統派のプロレスではない、自分が作り出していく新たなプロレス集団、ＦＭＷを立ち上げたんですね。

その発想は、海外修行中のプエルトリコで、有刺鉄線マッチを経験していたことがヒントになったようです。

その名前に、大仁田さんの思いがこもっています。

Fとは、フロンティア
Mとは、マーシャルアーツ
Wとは、レスリング
の略です。

プロレス界に開拓精神を取り入れて、新たなプロレススタイルを作って行こうということでしょう。

その第一戦に、異種格闘技との戦い、空手出身の松永光弘であったわけです。しかし、ただ戦うだけでは面白くない。開拓精神にも反する。

そこで出て来たのが、デスマッチだったわけです。

試合直前の思いつきだったため、松永側にはちゃんとデスマッチでやることは伝わっていなかったようです。

驚いたのは松永側です。しかし松永としても、空手からなんとかプロレスに参入したいという思いがあったので、試合に臨んだというわけです。

これが、大仁田さんが最初にひいた路線です。

だから、大仁田さんには、デスマッチの試合形式は外せない。

ということは、有刺鉄線も外せないということなのです。

その第一は、お客さんを楽しませたい。ということなので、私も、その支えにならなければと思ってやっています。

「あんなものはプロレスではない」と批判された

私は、特別プロレスに対する興味があったということはありません。ですから、特別に応援するというレスラーもいませんでした。

ですから、抵抗なく仕事に入れたのだと思います。

有刺鉄線でボードづくり

もし特定なレスラーのファンになっていたら、人間ですからどうしても贔屓してしまいます。その人のためならやるけど、そうではない人にはしたくないと思ってしまうからです。

だからファンがいなくて、良かったと思っています。

我々の子供時代のプロレスというのは、力道山ですね。力道山さんや、遠藤さんとか吉村さんが中心で、試合があると、駅前とかにテレビが一台あって、それを見に行ったぐらいです。

ですからそんなにプロレスがどうのこうのということはなかったので、それでスムーズに入れたんじゃないかと思うんですね。

そして、縁あって有刺鉄線と関わることになります。

私が有刺鉄線に関わった時期には、前にも述べたように、すでにデスマッチとして行われていました。それは大仁田さんが、海外修行で体験してきた有刺鉄線を思い出し、採用していたわけです。

最初は、応援する人が、ほとんどいなかったと聞いています。

「あんなものはプロレスではない」

という批判もあったようですから、最初は大変だったと思います。それを乗り越えて世間に認めさせるまでになったわけですから、凄い人です。

そういう中で、試合の回数も増えていったところで、私が有刺鉄線に関わることになるわけですが、忙しい時には月の半分くらいの試合が用意されており、私自身も毎日が巡業のなかでした。

大仁田さんは、異種格闘技との対戦や、全日本プロレスで活躍した有名選手を惹きこんで対決するなど、話題になる試合をどんどん組んで行きました。それによって、観客数が増えていったわけです。

それは猪木さんがやってきた戦い方や、ジャイアント馬場さんがやってきた戦い方を、上手に取り入れているように見えます。大仁田さんだからこそ出来たことかもしれません。

九三年五月には川崎球場で、全日本プロレスで名を馳せたテリー・ファンクとの対戦。九四年五月には、川崎球場で天龍源一郎を迎えています。天龍源一郎と言えば、ジャイアント馬場と猪木の両方をフォール勝ちしている強者です。

その天龍を電流爆破のリングに誘い込んだのですから、私も興奮しながらリングの設営をしました。

観客の動員も増え、大成功しえいた大仁田さんは、この試合で天龍に敗れてしまったのですが、勝負の世界なので、勝ち負けはつきものです。

しかし、何があったのか、九五年五月、天龍に敗れた大仁田さんは、その場で引退を表明したのです。

引退表明後の試合は大いに盛り上がった

一九九五（平成七）年五月、なんで大仁田さんは引退を表明したのかは、今でも私にはわかりません。

大仁田さんの凄いところは、すぐに引退するのではなく、一年の引退ロードを開始したことです。これがまた大当たりだったんです。

ロードで大事なのは、試合会場の設定です。採算が取れなければ、やりたくてもやれません。

イベントを開くには、売り興業と、買い興業のやり方があります。

売り興業というのは、ＦＭＷ側が一定の金額を貰って試合をするというものです。ですから、会場の準備とか（リングの設営はＦＭＷ側）、入場券の販売とか、宣伝なども、全部現地の人がやります。

買いというのは、ＦＭＷ側が会場の決定から入場券の販売まで全部やるというやり方です。

この時の引退ロードは、人気があって、ほとんどが売り興業でしたね。こっちにも来てくれ、こっちにもということで、一年で一五〇試合はあったと思います。とにかく、会場はどこも観客でいっぱいになっていましたね。

その後のＦＭＷは、大仁田さん引退をする前に、主要メンバーの離脱があったりして、大仁田さんの引退試合は、ハヤブサとの対戦になったんですね。

ハヤブサは、電流爆破デスマッチは初めだったんです。両者とも死力を尽くして戦い、最後は大仁田さんが勝利し、ＦＭＷは、ハヤブサに引き継がれました。

大仁田さんが引退し、私の仕事もだんだんと減少し、バスは一台のよいということになり、私はＦＭＷを辞めさせてもらいました。

レスラーからの一言

選手が余計なケガをしないように心を込めて作っている

ハヤブサ

武内さんに関して、オレは疑問に思っていることがあるんです。

それは、

「どうしてこんな優しい人が、あんなに強烈な有刺鉄線や五寸釘などを使った装置を作れるのだろうか？」

ということ（笑）！


こんなことがありました。

これは、今でも僕の脳裏にハッキリと焼き付いています。

試合形式は『五寸釘ボードデスマッチ』・・・。

お客さんが入る前の会場のリングで練習をして、控室に戻る途中で『五寸釘ボード』を製作中の武内さんを見ました。武内さんはボードに次々に五寸釘を打ち込んでいます。その無駄のない動きと、ボードに整列していく五寸釘に見とれていたら武内さんと目が合いました。

武内さんが少し困惑したような表情で言いました。

「このままじゃぁ危ないよな・・・。何とかして選手が余計なケガをしないように出来ないかなぁ・・・」

その時に気付きました。

武内さんは注文されたものを、ただ作っているだけではないってことを。

オレたち選手がケガをしないように、心配しながら心を込めて作っていたんだ。

無茶な注文ばかりの中でも、こうして選手のことを気に掛けながら作っているから選手も武内さんを信頼できたのです。

長い巡業中に何度も食事をご一緒しました。

若かったオレたちのバカ話や悪ふざけにも、いつもあのニコニコとした笑顔で付き合ってくれていたことが印象に残っています。

武内さんが本気で怒ったところなど、見たこともありません（笑）。

移動のバスの運転もしていた武内さんは、シークやサブゥー、グラジエーターなどの外国人選手のワガママにも笑顔で応えていました。

よく「ユーはクレイジーだ」なんて、イジられていましたけど、外国人選手たちは武内さんのことが大好きで本当に仲良しでした。

それだけに、外国人選手からの信頼も厚かったですよ。

今となっては、超戦闘プロレスFMWはもとより、プロレス界になくてはならない存在となった武内さん。

どうか、これからもその笑顔でみんなを癒しながら、思いっきり危険な装置を作り続けてください！

オレも必ずリングに戻ります。

武内さんの有刺鉄線の痛みを、オレの心と身体のどこかが恋しがっているので、あの痛みを再び味わうためにオレも頑張り続けます！

お楽しみは・・・これからだー!!

大仁田さんと離れてもプロレスとは関わり続けた

大仁田さんが引退したことで、私はFMWから離れましたが、全日本プロレスとかJDといって、女子プロレスの方——吉本興業の女子プロレス——を手伝ったりして、プロレスとはずっと関わっていました。

選手の送り迎えの他、リング屋もやりました。前にも話しましたが、リング屋というのは、地方で試合をする場合、リングの全部を持って行き、それを会場となる体育館なら体育館で組み立てるんです。道具の一式を持参し、会場で組み立てるという仕事もしました。

そういう仕事などをやっているうちに、またプロレスが低迷してきて、運転手はいらないよ、ということになって辞めざるをえませんでした。

仕事がなくなってしまったので、私はまたタクシーに戻りました。

その後、全日本プロレスのジャイアント馬場さんが、一九九九（平成十一）年に亡くなられて、日本のプロレス界は大きく変わっていきます。

少人数になった全日本に天龍さんなどが手伝いに来ました。その時にバスが二台あるけれども、悪役の方のバスの運転手がいないからというので、その時にまたバスに舞い戻ってきました。

そこで大体二年ぐらい、やりました。

馬場さんの奥さんが社長をやっていたんですが、社長業を辞めてしまったりして、とにかく、いろいろあって私は辞めました。

ということで私は、プロレス関係の人から声がかかれば、タクシーをやりながら、時間を調整して、プロレスのバスを運転するなどを、ずっとやってきました。

大仁田さんから新たなオファーがきた

私はタクシーの仕事に戻っていたわけですが、去年（二〇一四年）、大仁田さんから声がかかりました。

大花火といって、ZERO1（ゼロワン）主催の爆破マッチ――ノーロープ有刺鉄線爆破マッチ――をまた始めることになったので、

「武内さん、誰もやってくれる人がいないから悪いけどやってくれない」

というオファーがきたんです。

タクシーの運転手をやっていますから、「ずっとやるんですか」と聞いたら、年間で十試合か十一試合ぐらいしかやらないという返答でした。

それならば、月に一回ペースぐらいなので、ではそれだったら私もタクシーの仕事を切り盛りして手伝いに行きます、作ります、ということで、それからまた大仁田さんとの関わりが始まりました。

有刺鉄線ボードづくり

そして、今年（二〇一五年）の五月に、ＦＭＷが再発足して、

「武内さん悪いけど、今度は月に何回かあるけど、ノーロープ有刺鉄線だけじゃなくて、ボードも作ってくれないか」

という話があり、ボード作りも始めました。

そのＦＭＷの試合もその月その月によって違いますけれども、二試合、三試合の時もあるし、今月みたいに一試合という時もあるんですね。

ですから、それに合わせてタクシーの方も仕事をしながら、うまく休みを取ったり、振り替えたりしながら、日程を調整しながらやっています。

傷を縫った数・千針　千針記念パーティ

大仁田さんは一九八九年にＦＭＷを立ち上げてから、九五年に引退するまでの間に、デスマッチで沢山の怪我をしています。

大きな怪我の場合は縫って傷口を治療するわけですが、その縫った針が千本になったということで、千針記念というパーティを高輪のプリンスホテルで開きました。

会場にリングを設営して、その上で記念のセレモニーをやりました。

集まってくれた著名人や芸能人に、リングに上がってもらい、用意した白い晒に赤い糸で千人針をやって貰ったんですね。

今の人は知らないと思いますが、千人針というのは、戦時中、出征兵士の武運を祈って、千人の人から布に千針縫ってもらい、それをお守りにして戦地に向ったというものです。

ですから、当日の千人針は、大仁田さんのお守りになっていると思います。

それだけ大仁田さんの身体には、多くの傷があるんですね。

千針記念パーティは、私が思うに、自分の身体は、千針縫っても、まだ大丈夫ということを、皆さんに見せたかったのではないかということです。

だから、いまだに、何回も何回も怪我をしても――この間も指を骨折して、全治八週間と診断されたのに、ギブスを外して――試合に出ています。

大仁田さんらしい生き方です。

そういうふうな姿を私は近くで見ていますから、それに応えなければ大仁田さんに申し訳ない、という気持ちになるわけです。

ですから、常に、もっといい方法はないか、新しいものはないかと、いろいろ工夫をして試しています。それは、大仁田さんの取り組みに応えようとする、私の挑戦でもあるわけです。

というのは、有刺鉄線は本物ですから、触れば痛いし、刺されば血が出ます。時には体の肉が引き裂かれます。

いくら私が、選手の体に傷つかないように、傷つかないようにと思って有刺鉄線を取り付けても、現実は傷がつきます。

でも私は、有刺鉄線を取り扱う時には、選手に傷がつかないように、つかないようにと願いながら、ボードを作ったり、ロープを張ったりしています。

私は、そんな気持ちでやっています。

【有刺鉄線デスマッチ誕生秘話】

（文中、敬称略）

一九八九年十月、大仁田厚が旗揚げをした伝説のプロレス団体『ＦＭＷ』。青柳政司との『プロレスＶＳ空手』の異種格闘技戦を軸として、柔道、テコンドー、サンボ、キックボクシングといった各種の格闘技に加え、従来のプロレスや女子プロレスまでもひとつの興行で見ることができるという斬新さが一部のファンの心を掴み、

「大仁田に何ができる」
「どうせすぐに潰れる」

といった陰口をヨソに旗揚げシリーズの名古屋・露橋大会と東京・後楽園大会は大成功に終わった。

しかし、大仁田は既に先の先を見据えていた。

「ＦＭＷには知名度がない。全日本プロレス、新日本プロレス、ＵＷＦと同じことをやっていたら必ず淘汰されてしまう」（大仁田）

そこで大仁田が目を付けたのが【デスマッチ】だった。

大仁田は，顔馴染みのプロレスマスコミと会話をするのが好きだった（それは現在も変わらない）。

他愛のない雑談からプロレス談義。

この日もプロレスマスコミに囲まれて笑顔で会話を楽しむ大仁田がいた。

大仁田が言った。

「ＦＭＷでデスマッチがやりたいんだよ」

当時の日本のプロレス界で【デスマッチ】と聞いて頭に浮かぶのは、崩壊した国際プロレスの十八番だった『金網デスマッチ』だった。

記者Ａ「金網デスマッチ？」

大仁田「ダメ。あれは金がかかる。ＦＭＷにそんな予算はないよ（笑）」

記者Ｂ「チェーンデスマッチは？」

大仁田「シングルマッチしかできないじゃん」

ブルロープデスマッチ、五寸釘デスマッチ、ファイヤーデスマッチ、ランバージャックデスマッチ・・・いくつもの候補が挙がった。

中には結果的にFMWのリングで実現したデスマッチもあったが、とかく当時のFMWでは実現できないものばかりだった。

「う～ん・・・」

全員が黙りこみ沈黙が流れた。

その時、それまで先輩たちの声を黙って聞いていた若者が口を開いた。

週刊ゴング誌で『FMW担当』のカメラマンで、大仁田とは公私にわたり懇意にしていた神谷繁美だ。

「あの・・・、バラ線なんてどうですかね?」

「いわゆる有刺鉄線ってヤツ」

自信なさげに聞こえた。

ベテラン記者Aが言った。

「確かにプエルトリコでアブドーラ・ザ・ブッチャーとカルロス・コロンが戦っている写真は見たことあるけど」

「それだ！　それやろう！」

大仁田が立ち上がった。

そして続けた。

「誰だってさ、ガキの頃に空地に張ってあるバラ線に脚を引っかけて痛い思いをしたことあるだろ!?」

「この痛さって共感できるじゃん！」

果たして同年十二月十日、東京・後楽園ホール。

〝大仁田厚&ターザン後藤VS松永光弘&

＊

ジェリー・ブレネマン〟

本邦初の【有刺鉄線デスマッチ】開催。

「どうせ誰も有刺鉄線には触れずに試合は終わるんだろう?」

との外野の声を嘲笑うように、血だるまになりながら戦う四人。

熱狂する超満員の観客。

こうして誕生した【有刺鉄線デスマッチ】は、様々な形式を産み出しながら現在も日本のデスマッチの代表格になっている。

第四章　大仁田さんあっての有刺鉄線

レスラーからの一言

女ハヤブサとして不死鳥の如く闘い続けます

Ｒａｙ

デビュー十二周年を迎えたＲａｙが二〇一五年十月八日、新宿ＦＡＣＥで記念興行を開催した。

「まだ、やったことがない有刺鉄線にチャレンジしたい」との強い思いで、初の有刺鉄線デスマッチに挑んだ。

Ｒａｙは大仁田厚、保坂秀樹と組み、サブゥー＆ＮＯＳＡＷＡ論外＆中島安里紗と有刺鉄線ボードデスマッチで対戦した。

試合となれば、男子も女子も関係なし。Ｒａｙは中島のみならず、サブゥー、論外とも激しい闘いを繰り広げた。Ｒａｙが先に有刺鉄線ボードに中島を叩きつけると、今度はサブゥーと論外がＲａｙを捕獲。イスの上に置いた有刺鉄線ボード上に、合体ブレーンバスターで投げ捨てた。Ｒａｙは悶絶。

それでも、Ｒａｙは立ち上がり続けたが、初の有刺鉄線ボードデスマッチで、悔しくも黒星を喫してしまった。だが、収穫も多い大会になった。

☆プロレスラーとして、ここまで自分を追い込んだのは初めてでした。
大仁田さんが持っている爆破王（タッグ）のベルトを狙っていきたいし、電流爆破にもチャレンジしてみたい。

それにやったことのないジャンルがあることは、プロとして納得がいかない。もっとプロレスを深く知りたいし、熱い試合をしたい。

☆初めて有刺鉄線ボードデスマッチをやってみて、痛みも気持ちよく感じました。
あちこち痛いのも、この貴重な試合を思い出すきっかけになっています。

必死になって、死にもの狂いで闘ったから・・・。

☆有刺鉄線ボードデスマッチを経験したことで、大仁田さんが水を撒きたくなる気持ちも、叫びたくなる気持ちも良く分かった！
やった人にしか分からないかもしれない、とずっと思っていた私は、大仁田さんがやることを試してみたかった。

デスマッチの試合を、月に十試合以上もやっている大仁田さんを、改めて尊敬しました。

☆私は試合に負けてボロボロになったけど、大仁田さんが試合後にくれた言葉に救われました！

＊
水を吹き出す大仁田選手

『負けがあるから、勝ちがある！』

頑張って這い上がってみせます!!

そして、〝女ハヤブサ〟として、ハヤブサさんが戻ってくるまで、ＦＭＷのリングを守りたいと思います。

女ハヤブサとして、不死鳥の如く、これからも闘い続けます。

Ray選手

大仁田さんを媒介にしてアイデアが天降る

大仁田さんは、一九七三（昭和四十八）年、ジャイアント馬場さんに憧れて、中学校を卒業して全日本プロレスに入門しています。

感心するのは、参議院議員にもなるわけですが、プロレスの道を歩みながら、大学まで卒業していることです。

これは、そう簡単に出来ることではありません。

大仁田さんは、凄い人なんです。

私が、大仁田さんと出会い、近くで仕事をさせてもらっていますが、大仁田さんの試合に臨む姿勢を見ながら、感じることがあります。それは、試合に手を抜くことはない。

常に一生懸命である。

挑戦する意欲を常に持っている。

問題から逃げない。

目的を掲げたら成し遂げるまでやり通す。

工夫力が普通人の常識を超える。

というようなことです。

そんな大仁田さんの姿を見ていると、どうしてもそれに応えたいという気持ちが湧いてくるのです。

私の場合、自分には力はないけど、そうした気持ちになることで――いわば大仁田さんを媒介にして――アイデアが天降ってくる感じなのです。

ですから、私にとっては、大仁田さん抜きでの有刺鉄線は考えられません。

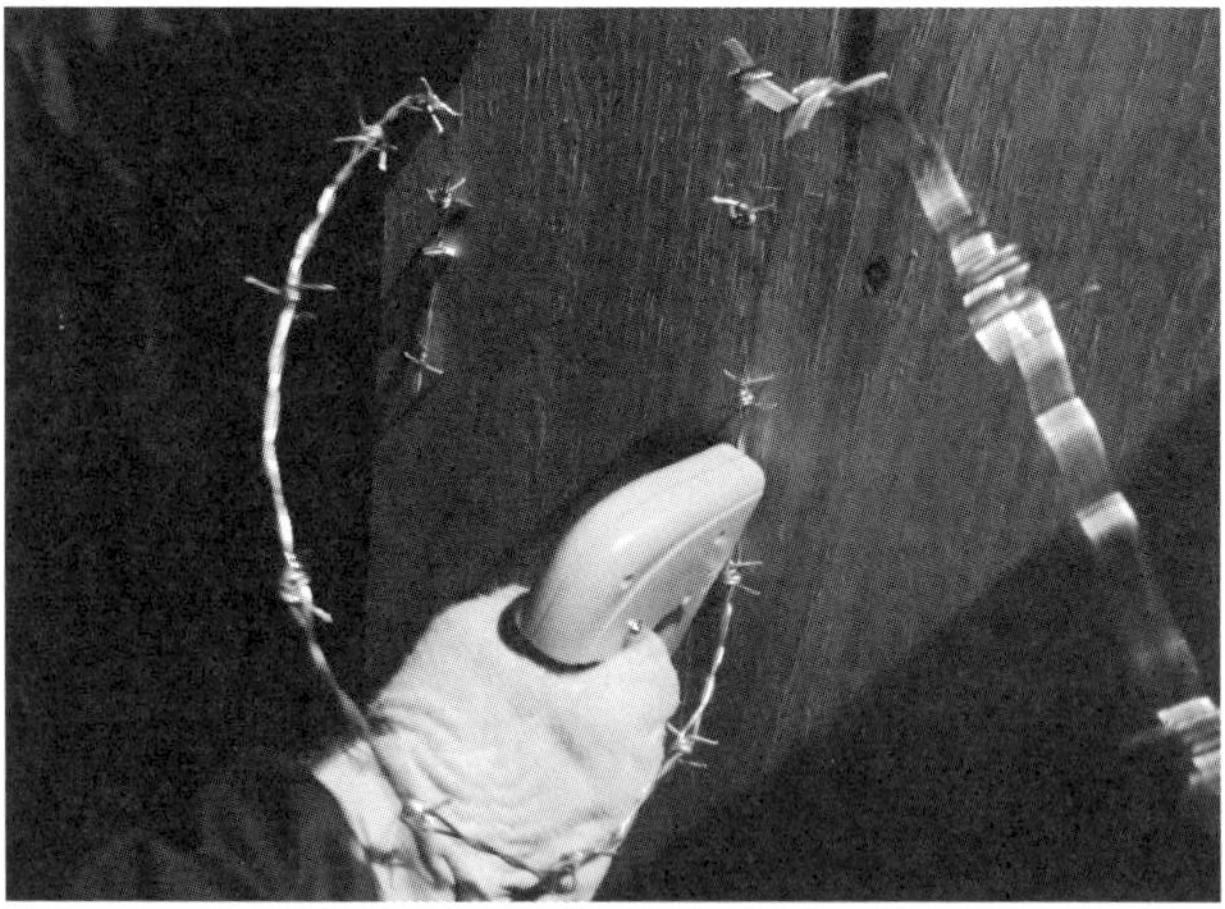

設計図は頭の中、自然に手が動いていく

有刺鉄線は市販品そのものを使う

よく誤解をする人がいますが、有刺鉄線そのものを私が作っているのではありません。市販されている有刺鉄線を、そのまま使います。

有刺鉄線というのは、針が十字になっていて、その十字の針をねじってずっと作っていきますので、普通の人では作れないです。機械でないと作れないです。

プロレスのお客さんで、まさか本物の有刺鉄線を使っているとは信じられなく、加工してあるんじゃないかという人がいます。

加工したりしますと、余計に危ないんですね。切ったり叩いたりすると針が曲がってしまい、当たった時に服が引っかかって離れなかったり、そのままくっついたりしますので、大きな怪我をしてしまいます。

大事なのは、戦って有刺鉄線に刺さったら、そのまますっと抜けるようにでなければなりません。でないと、肉が引き裂かれてしまいます。だから有刺鉄線は何も加工

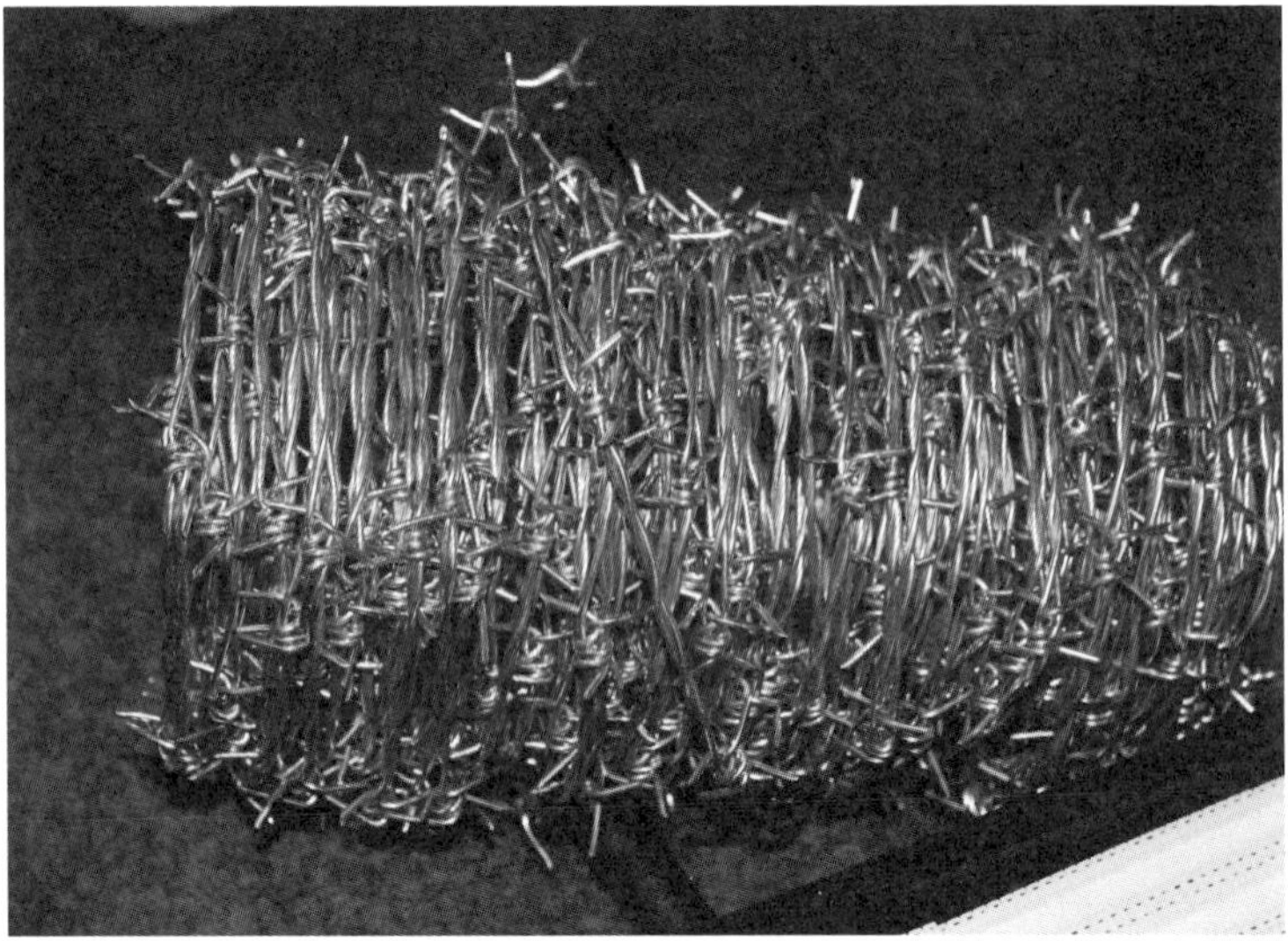
本物の有刺鉄線

せず、刺さったら抜けやすいようにしてあるんです。
だから選手たちが、ボードの上でどーんと落とされても、ロープにぶつかっても、すぐにすっと抜けるようになっているんです。

普通の人の感覚では、有刺鉄線が刺さったことを考えるだけでも、ぞっとすると思うのですが、選手ってどっちかというと、脂肪分が多いものですから、体の周り二センチぐらいの脂肪があります。ですから、刺さってもあまり血が出ないんですね。
でも、やはり生身です。ノーロープの場合は、有刺鉄線がロープ替わりですから、有刺鉄線にばんとぶつかって、そのまま抜ければいいですが、刺さったままずるずると下がる時は、有刺鉄線で肉が裂かれてしまいます。

そういうのを何回も何回もやっている人は、もう絶対ずるっと滑ったり、刺さったまま横に動いたりしないようにしています。それはテクニックで選手たちは大怪我をしないようにやっています。

ですから逆に、対戦相手を有刺鉄線に押し付け、引きずり落とすようなことをすれば、相手は大きなダメージを受けます。それは、どちらの選手にも言えますので、通常の戦いよりは常に緊張し、お客さんも、ドキドキしながら試合を観戦できるわけです。

もちろん有刺鉄線ですから、刺されば血が出、傷がつかないなんてことはありません。ただ、私なんかは、淡々とやっていますが、有刺鉄線のために大怪我をしたという人はほとんどいないですね。

それよりも、爆破マッチの試合がありますが、仕掛けられた火薬のところに行った時に爆発した場合、大仁田さんにしてもやけどをする場合があります。みちのくプロレスで有名な議員レスラー、サスケさんが大仁田さんと爆破マッチをやった時に、やけどをしてしまいました。サスケさんは二度とあれはやらないと言っていましたね。

ノーロープ体験が生む有刺鉄線の工夫

爆破マッチというのがありますが、爆破というのは、有刺鉄線を設置した部分に爆薬を仕掛けてあり、それが試合中に爆発するというものです。これは、その道のプロがやらないと、とてもできません。私には、無理です。

小川誠さんという方がその道のプロですが、火薬の仕掛けではまさに神業を持つ人

有刺鉄線からぶら下がって見えるのは爆薬の仕掛け

ですね。映画で爆弾が爆発するシーンがありますが、俳優さんが爆破で怪我をしないように工夫して火薬を仕掛ける。その第一人者の方です。

プロレスの場合、観客が四方にいますので、映画の場合よりも爆薬の設置が難しいそうです。

この方がこの有刺鉄線のところに火薬をつけていきますので、私は有刺鉄線を張って小川さんに渡すんです。

ノーロープの場合、有刺鉄線そのものがロープになります。

普通リングには、ロープが三本あります。

一番上をトップロープと言います。最初の頃は、そのロープに有刺鉄線を巻いたりしていたようですが、ノーロープの場合は、そのトップロープを外して、その替わりに、四本の有刺鉄線を巻いたものを取り付けます。

二段目は、セカンドロープですが、そこには二本の有刺鉄線を巻いたものを使います。

三段目は、サードロープと言うのですが、一番下ですので、一本にします。

四、二、一という本数が、いままでの体験でちょうどよい状態になります。

というのは、選手が勢いよくロープに寄りかかると、有刺鉄線が一本では切れてしまうんですね。二本でも切れますね。選手たちが思い切り寄りかかりますから、相当の力がかかるんです。切れて落ちると危ないので、トップロープは、四本重ねて私が作ってきたものを取り付けています。

二番目のセカンドロープは、そんなに重みがかからないので二本にして、一番下はほとんど力がかからないので一本で済みます。

取り付け一つでも、いろいろ考えてやっているわけです。

武内さんのじゃないと…と言われたら燃えますよ

仕事は、ただやるだけでは進歩がありません。

私の場合、幸いどうしようかと考えていると、アイデアが浮かんできますので、試し、試しやりながら、より良いものに仕上げていくことができます。

そういうのが選手にも伝わるんでしょうか。

いつも言われているんです。

「武内さんが作ったボードじゃないと、俺は試合をやらないよ」

「武内さんのボードじゃないと、やりたくないね」

というように。

そう言われると、私もうれしいですね。また、「ほかのやつが作ったのでは、私はやらない。だから武内さん、試合は少なくて悪いけど、ボードだけでもいいから作りに来てくれ」と言われているんです。そこまで言われれば、私も男です。燃えますよ。

モノづくりが好きですからねー。

だからそういうふうに言われると、選手の命を預かるというか——そんなに大それたことではないんですけど——でもそういうふうに受け止めてやるんです。もし私のせいで大怪我をさせてしまったら——有刺鉄線を使えば、現実、怪我をしないということはないんですけど——でも、大怪我をしないように、しないようにと思ってやるんです。

オーナーさんからも、「武内さん、悪いけど来てください。まじで武内さんじゃないとこの試合に出ないという選手がいるんですよ」というふうに言われるんです。

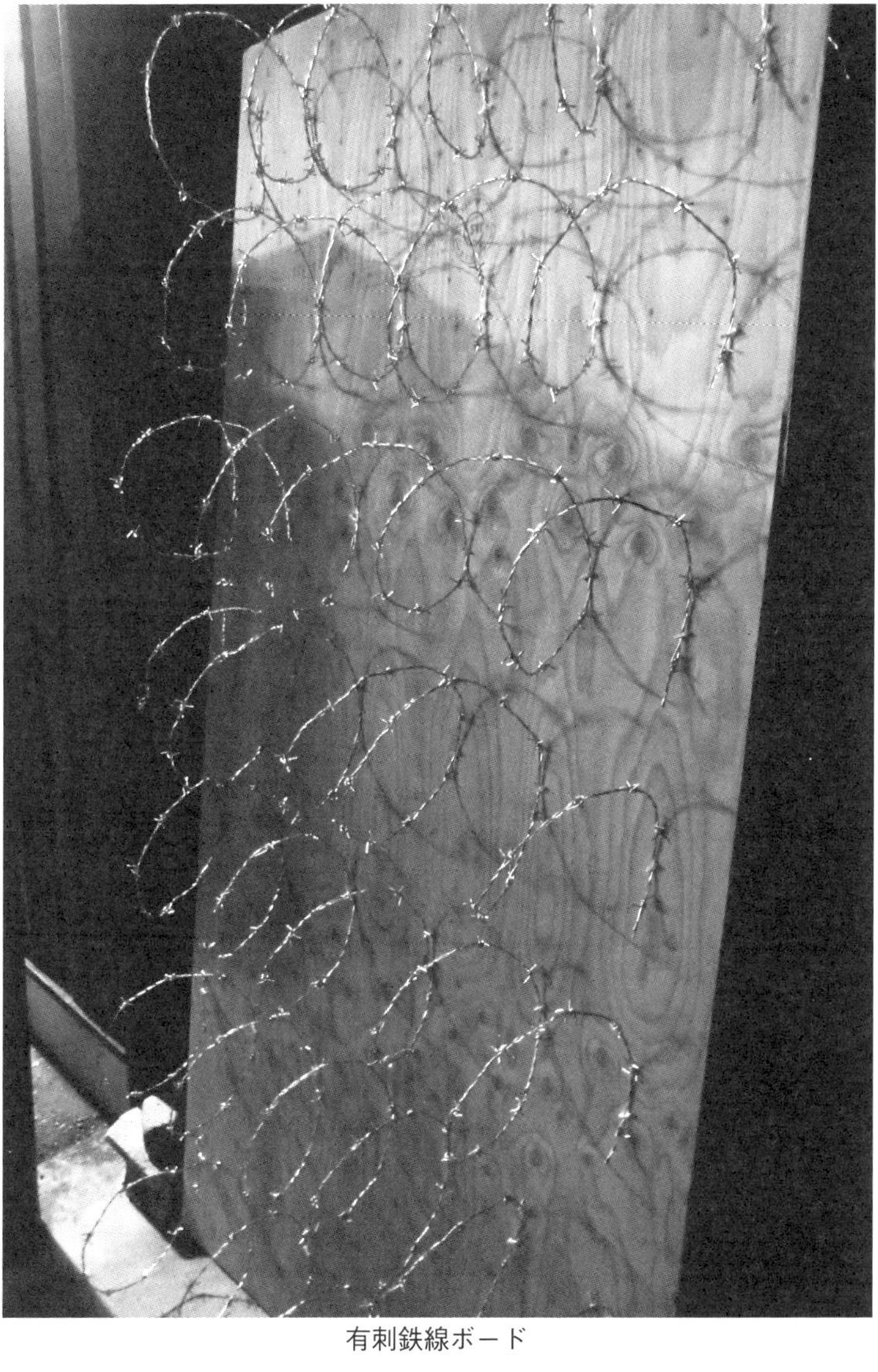

有刺鉄線ボード

来てもらわないと、試合にならないと言われれば、行かないわけにはいきません。

そういうふうに言われると、やっぱりこっちもうれしい。

うれしい反面、真剣にこっちも作るようになりますね。

長い間同じ人を見ていると体調までわかる

有刺鉄線だけでなく、一緒に動いている選手を見ていると、その選手の体調もわかるようになります。

選手で怖いのは、大怪我をして試合に出られなくなってしまうことです。

その時の体調で、怪我をしたくない気持ちが出てくると、つい試合になると怪我をしないようにと逃げ回ってしまうんですね。

そうなったら、試合になりません。第一、お客さんが面白くない。試合に出るからには、積極的にぶつかっていくしかないわけです。

実は、選手たちもそれはわかっているんです。

ですから、そういう時に声かけてやるんです。

長い間、同じ人たちを見ていますから、今日はちょっと調子が悪そうだなということがわかるんです。普段の動きと違うんです。

練習の時「お前今日調子が悪いだろう」と声をかけます。

「ちょっと風邪気味で……熱が何度もあるんだよ」

と答えてくれます。

「逃げるなよ、まじめにやれよ」と声をかけることで、試合の取り組みが違ってきます。選手は、真剣にやった方が怪我をしないんです。

試合で、最初にふざけたことをしてお客さんを喜ばせることがあります。それは一つのセレモニーで、組み合ったら真剣勝負です。

真剣にやらないと怪我をするからです。今まで何人も、「ああ、今日、あいつまじめにやってないな、絶対怪我するな」と思うと、ほとんど怪我をします。

だから、調子が悪いなと感じた時には、注意しています。

プロレスはショーに見せての真剣勝負

プロレスの人気は、やはりレスラー個人のキャラクターが大きく影響しています。あのレスラーを見たいとなれば、人気が高まるわけです。

ですからレスラーは、プロレス界にとっての商品です。

そのレスラーが、あれだけ激しく戦いながら、また何日も空けずに戦いますので、プロレスは単なるショーではないかと言う人がいます。

確かにプロレスですから、ショーであることは間違いないと思います。そういうショーという面がなければ、面白さも半減してしまうからです。

ですから、お客さんに見せる、という点ではショーなんです。

ただショーと言われてしまうと、何か細工をしているのではないか、手を抜いているのではないか、というふうな感じになってしまいますが、それは違います。

それは見る人の感じ方なので、とやかく言えませんが、プロレスに限らずだと思うのですが、プロは真剣にやっています。

だから日々体を鍛え、技を磨き、自分を高めています。仮に、手を抜いてしまうと、かえって選手は怪我をしてしまいます。

試合を遠くから見ていても、手を抜いているとわかるんです。本当に、いい加減な試合をしたりすると怪我をします。

絶対に、いい加減な試合をしてはいけない。

先ほどの体調のところでもお話ししたように、「まじめにやりなさい」というふうに私も言うようにしています。

大仁田さんが、ショーではないというのは、そのことを強調するために言っているのだと思います。

要は観客に見せるということでは、ショーかもしれない。

けれども、戦っているレスラーは、常に真剣に戦っている。

真剣勝負だからこそ、勝ったり、負けたりする。

とにかく、お客さんには楽しんでもらう。

それは、真剣勝負だからこそ出来ることであって、手を抜いたり小細工をしたりでは、決してお客さんに喜んではもらえないのです。

プロレスには階級はない

プロレスは、純粋な格闘技です。

普通のスポーツとは違います。

アマチュアレスリングの場合は、ハンディの差を小さくするということで、体重の重さで階級を分けていますが、プロレスの場合には——まだジュニアのチャンピオンを作っているところもありますが——基本的にそういうのはないです。ほかの団体でも、そういうものはほとんどないと思います。

体重のことに関連して言えば、今は、昔のように一〇〇キロを超える大きなプロレスラーを見出すのが大変なんですね。ですから、どっちかというと身軽な方たちがスムースに入れるような環境になっています。

第五章　デスマッチに欠かせない数々の凶器

レスラーからの一言

武内さんの有刺鉄線は美しく優しさがある

雷神矢口
橋本友彦

雷神矢口と申します。浅草出身なので、風神雷神門が正式名の雷門にちなんでリング名にしています。

有刺鉄線は一般に販売されているものなので、種も仕掛けもありません。本当に痛いです。有刺鉄線そのものに触ってもらえば、痛さを実感してもらえると思います。それをボードやバットに、取り付けたり、巻きつけたりしてあるわけですが、武内さんの手は光っていますね。

出来上がったのを見ると、美しいですね。

もちろん痛いのは痛いです。

でも僕らは、お客様に見せる商売ですから、見せるためにも美しいことは大事です。

武内さんのボードは、リングにあるだけで美しいなあと思えるフォルムなんですね。それを美しいなんて言う人は、マニアックなのかもしれませんが、有刺鉄線をずっとやっているので、武内さんが作ったのは美しいと思うんです。

職人気質というか、職人技ですね。

浅草出身なので、職人気質はよくわかっています。

そのあたりを僕は肌で感じます。

橋本友彦です。

武内さんが作った有刺鉄線ボードは、リングに上がって見ると、すぐにわかります。肌で感じるという話がいま出ましたが、本当に武内さんが作ったものだとわかるんです。

正直、有刺鉄線は痛いですよ。

誰が作っても、有刺鉄線は本当に痛いです。

でも武内さんが作ったのは、優しさがあるんです。

（雷神矢口）

美しさと、優しさがね。

怪我はもちろんしますよ。

でも変な怪我はしたくないですよ。くくりつけた有刺鉄線が目に飛んできたりすれば嫌じゃないですか。そういうことがないという安心感が、武内さんが作ったものにはあります。

もちろん、体中は傷だらけになっています。

武内さんは敵でも味方でもなく、神ですからね！

（橋本友彦）

神です。

（雷神矢口）

武内さんは、有刺鉄線の神の領域の人です。

ネイルブラシも使ってみたいですね。

雷神矢口選手

橋本友彦選手

選手よし、お客さんよしの凶器づくり

有刺鉄線そのものが、すでに凶器ですが、デスマッチで欠かせないのが凶器です。なにせ、大仁田さんが言う試合のルールが、喧嘩ルールですから、何をしてもいいし、どんな凶器を使ってもいいわけです。

ですから、いわば選手は、命を懸けて戦うということです。しかし、お客さんに見てもらう戦いですから、命を落としてしまっては終りです。ですから、命の危険がある場合は、レフリーがストップするわけです。

そのルールの中で、試合を有利に進めるには、相手の戦う意欲を消滅させる凶器が役立つわけです。

私は、いろんな凶器や、危険な小道具を作ってきました。

有刺鉄線バット

野球のバットに有刺鉄線を巻いています。（写真次ページ）布を一緒に巻けばファイヤーバットになります。

有刺鉄線のボード

有刺鉄線ボードというのは、畳一枚の大きさのベニヤ板（一八〇センチ×九〇センチ）に有刺鉄線を取り付けているものです。

有刺鉄線ボードそのものは、私が有刺鉄線と関わる前からありました。

それを見ると、板に有刺鉄線を取り付けているだけなんですね。それを実際に試合

有刺鉄線バット

で使うと、そこに落とされた選手は、そのまま釘に刺さってしまった感じになり、ダメージが大きくなります。もちろん怪我も大きくなります。

それで私が考えたのが、螺旋状にした有刺鉄線を取り付けるというものです。有刺鉄線そのものに手を加えるのではなく、有刺鉄線の取り付け方を工夫したわけです。ですから、有刺鉄線の痛さは変わりません。

ただ螺旋状にすることで、それがクッションになって、怪我のリスクが少なくなります。実際、初めて作って使ってもらった時に、選手からは、この方がずっといいと言われました。

螺旋状に取り付けることで、単に有刺鉄線をボードに取り付けたものよりも、見た目がもっと痛そうに見えます。そういうことで、お客さんにとっても、その分、興奮の度が増すことになりました。一石二鳥の効果です。

そしてもう一つ、選手が有刺鉄線ボードに落とされた時に、ボードが割れると、迫力が全然違ってきます。ということで板の厚さも考えて作っています。

選手のことも、お客さんのことも考えて工夫する。それが私のやり方なのです。

試合会場に準備された有刺鉄線ボード

ラセン状に取り付けた有刺鉄線

スパイダーネット

昔は、品川の東口に広場がありました。今はもう建物が建っていますが、そこで初めて作ったのがスパイダーネットです。

有刺鉄線ボードの上に、スパイダーネットといって蜘蛛の巣のように有刺鉄線を張るというものです。これにも苦労しました。木を立てて、そこに有刺鉄線をひっかけて蜘蛛の巣状に取り付ければいいとわかっても、その木をどうやって取り付けるかがわからなかったんですね。

なかなか、いい考えが思い浮かんでこなかったんです。

いろいろ考えて行き着いたのが、台になるボードをパレット状にして、厚みをつけて、そこに穴を開けて、そこに木を刺し、その木に有刺鉄線を巻いてくという方法です。

そこで問題なのは、パレットに取り付けた十ミリ角の角材が頑丈だと、選手がスパ

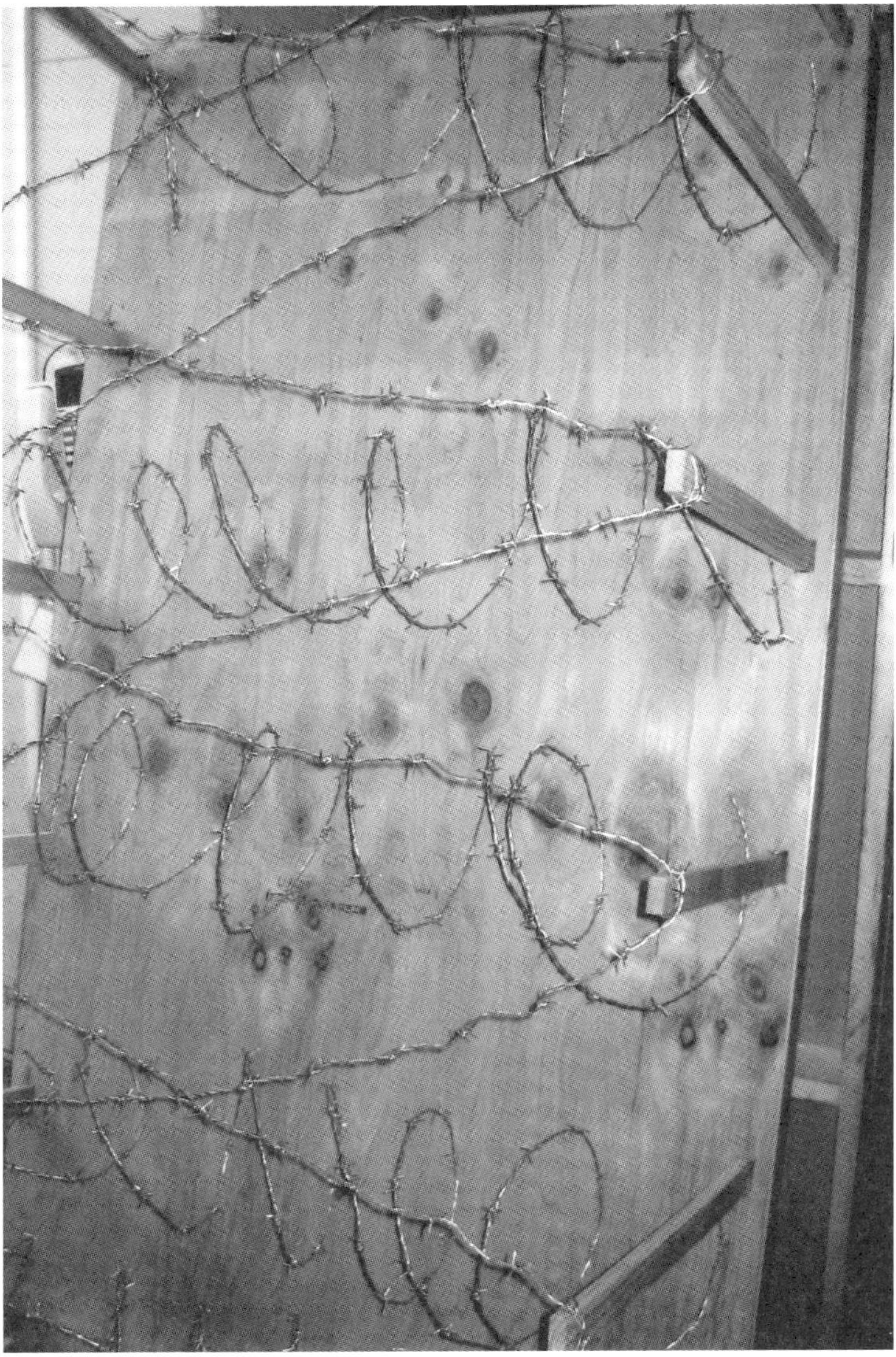
スパイダーネット

イダーネットに投げつけられた時に、その木が選手に刺さってしまう危険があるわけです。

そうならないように、安全を考えて、この木をすぐ折れるように工夫しました。選手が乗っかった時に、すぐ、ばしゃんと折れるようにしてあるのです。その木が折れるようにするには、材質や木の太さなど、どのくらいなら折れるだろうと、試行錯誤しながら作るわけです。


安全を考えてと言いましたが、有刺鉄線ですから、実際には安全なんてないわけです。ただやっぱり、なるべく怪我をしないようにということを考えて作るわけです。

そのように、その都度、どうやって形にしていけばいいか、いろいろやりながら、自分で考えてやります。自分で考えないと誰も考えてくれないので、自分で考えてやっています。

テーブルと椅子

有刺鉄線ボードやスパイダーネットは、リングの上に置いておいて、都合のよいタイミングで選手が使います。また椅子を四つ置いて、その上に有刺鉄線ボードやスパイダーネットを置きます。

そこに、レスラーが落とされるわけですが、板が割れるようになっているんです。厚い板だと割れないし、薄い板だとまた割れない。ぐにゃーとしなってしまうからです。割れないと、痛みも増すんですが、一番は迫力がなくなっちゃうんです。

「ああ、すごいな、板を割っちゃったよ」

という驚きの効果を体験してもらう。その工夫をしているわけです。

テーブルも、市販ではいろいろのものがあります。やはり武器として使った時に折れるものでないと、面白くない。椅子もそうですが、効果を考えて、それにふさわしいものを選んで用意しています。

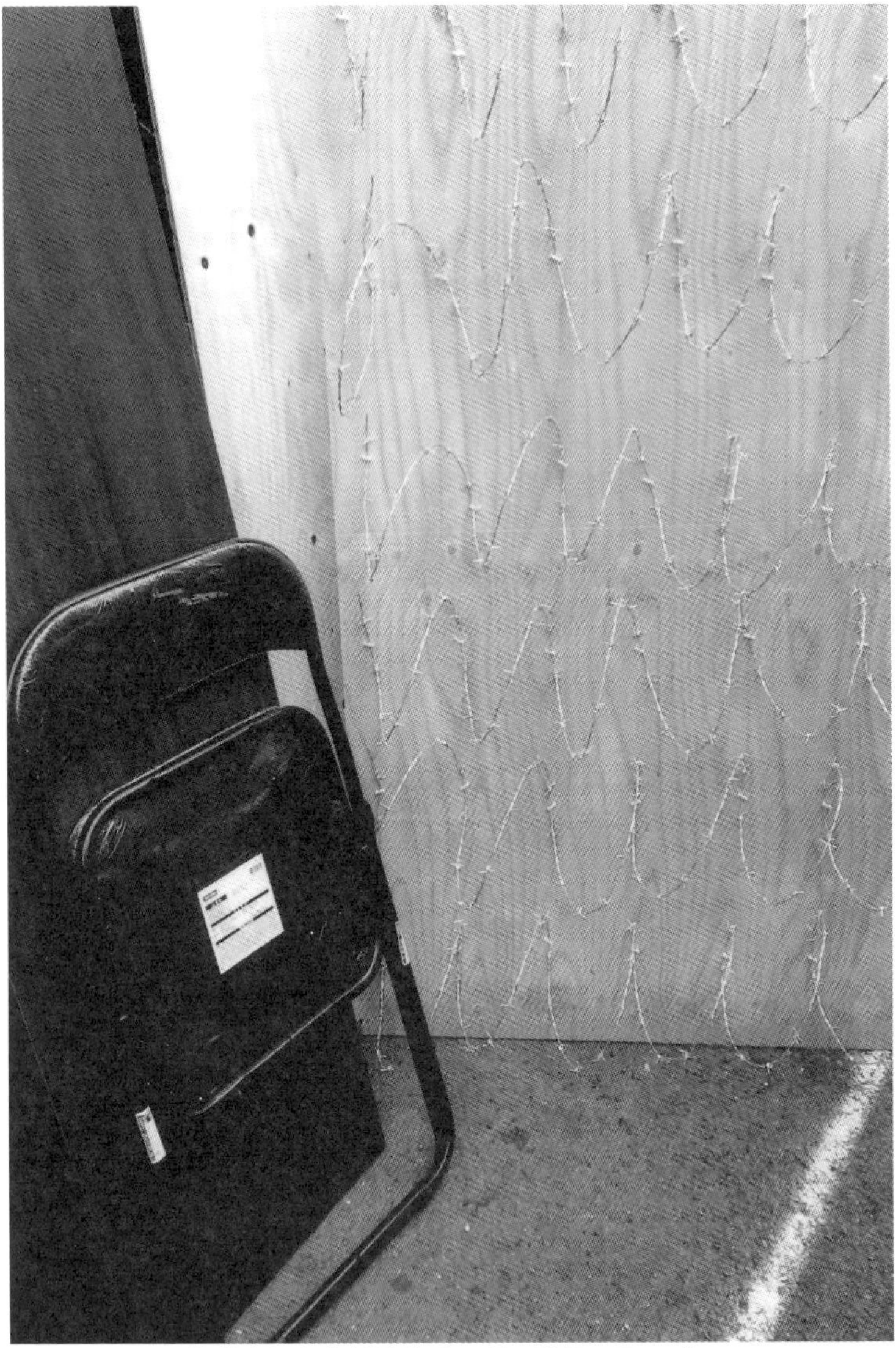

*
準備された有刺鉄線ボード、椅子、テーブル

ネールブラシ

ネールブラシとは、五寸釘を使って歯ブラシのような形にしたものです。台になる木に穴を開けて、五寸釘を約一〇〇本、取り付けています。五寸釘は一本が一五〇グラムぐらいありますから、約十キロになります。

歯ブラシのように作るわけですから、細かく穴を開けていきますので、普通の板では柾目が多いので、ちょっとやっただけで板が割れてしまうんですね。

そこで、釘を入れる部分だけアルミの板を挟んで、それでねじで止める。そうすると板が割れないで済みます。結構長持ちもします。

歯ブラシのようにするのは、大きな怪我をしないための工夫です。

孔と穴の間隔を開けると、五寸釘が刺さり易くなります。それを剣山みたいに細かく釘を刺すことで、むしろ刺さり難くなります。

逆に見た目は、沢山の釘が付いていますから、怖さを感じます。

ネイルブラシを持つ武内さん

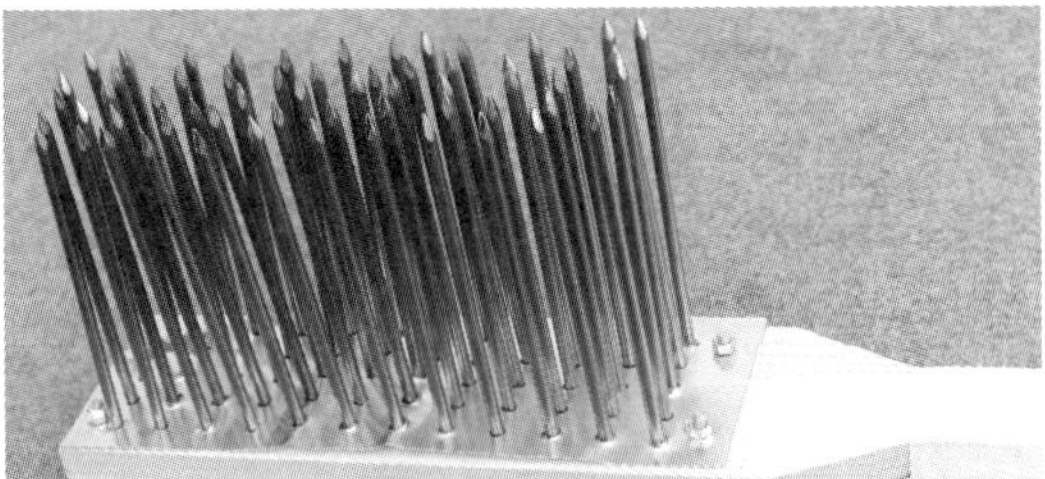
歯ブラシの部分、アルミ板が付いている

いろいろ工夫して作っていました。

プロレスショップへ売り飛ばす

レザーフェースという覆面のレスラーが、よくネールブラシを使っていました。彼は、一回使って釘がちょっと曲がったり、血がついたりすると、それをプロレスショップへ行って売ってきちゃう。

五万円ぐらいで売れるらしいんですね。

「レザーフェースが使いました」というのが売りになるわけです。そうすると次の試合に行った時にそれがないわけですよ。

「レザー、どうした」と聞くと、

「あんなのプロレスショップへ売ってきた。それで一杯飲んだ」

そんな感じだったんです。

そうなると、毎回使う度に作らなければなりません。

その度毎に家に帰って作るというわけにもいかないので、前に竹とんぼを作ったように、穴を開けた板を何枚も車に積んでおいて、現地で組み立てて渡すというふうにしました。だから十組ぐらい作ってバスに積んでおきました。

そういうふうにしておかないと、試合で使いたい時に間に合わないわけです。ショップに行って売ってきて、自分の飲み代にしちゃうんですからね。だから、

「ちょっと、売ってくるのを待ってよ。こっちも作るのはただではない」

と言ったら

「じゃあマージンあげるから」

なんて言っていましたが、一度ももらったことないです。

五寸釘ボード

五寸釘のボードも作ったことがあります。有刺鉄線ボードみたいな、五寸釘ボードといって、普通のベニヤ板に穴を開けて、そこに二七〇〇本の五寸釘を埋め込むんです。

板に穴を開けて、そこに下から釘を刺して止める。そしてもう一枚、裏から釘がとれないように板を取り付けて仕上げます。一枚が九十キロぐらいになるんですね。

だから、重くて会場に持っていけません。

それで、穴を開けた板と、釘は別々にして、会場に着いてから組み立てるようにしていました。

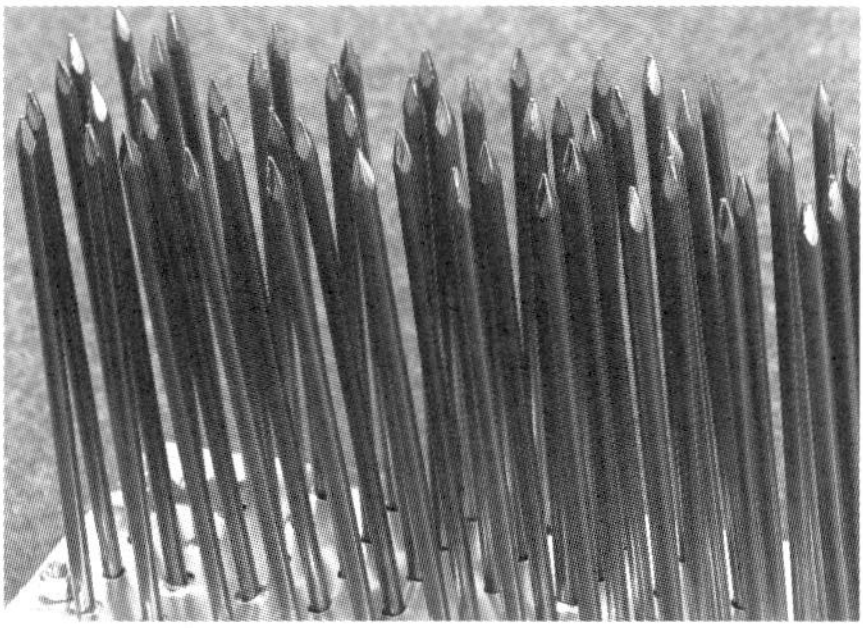

この五寸釘が90センチ×180センチのボードにびっしりと取り付けられる

他、前にも述べた、誕生日ケーキ、ヘルメットに有刺鉄線を巻いたもの、キックボクシングからの要望で作った、すねの有刺鉄線なども作りました。

見た目の迫力と選手の安全性を考えて作る

そんなことで、いろんな凶器を作ってきていますから、こういうのを作ってくれとか、こういうのをやってくれとか、いろんな要望がきます。

ですから、バットなんかも、こういうバットにしてくれ、ああいうバットにしてくれということで、要望する人によって形が違てきます。

ネールブラシにしても、こういうネールブラシにしてくれという要望がきます。

有刺鉄線で何かを作るというのは、師匠がいたとか、誰か頼る人がいたとかではないので、見本がありません。何か要望がきたら、ゼロから自分で考えるしかありません。誰も、考えてくれる人はいないんです。

ああでもない、こうでもないと思って考えていると、それこそ漫才の話にもあるように、地下鉄をどうやって入れたのか、みたいに寝られなくなるんです。

基本的に作るのは凶器ですので、まず重点に置くのが見た目の迫力さです。

自分で見て迫力のある形にすること。

それともう一つは選手たちの安全です。

有刺鉄線ですから、怪我をするのは当たり前ですが、出来る限りの安全を考えて作るようにしています。怪我で大事に至っては、選手自身も面白くありません。選手生命も短くなることさえあるわけです。

ですから、そもそも有刺鉄線で安全というのは、おかしいけれども、選手の安全を考えて作るかどうかは、非常に大切なことと私は思っています。

私が作る凶器に、何か違いを感じてもらえるというのであれば、それは私の気持ちを感じてもらっていることになるので、非常に嬉しく思います。

凶器を使っても最後の勝負は技で決める

大仁田さんもそうですけど、選手の多くは、おでこのところに大きな筋がついています。ブッチャーさんなんかは、割り箸が挟まるくらい大きな溝になっています。そのぐらい傷がついているわけです。

ですから、ちょっとしたことで、すぐに血が出てしまいます。喧嘩ルールで戦った一つの勲章とも言えますね。

ＦＭＷでも、喧嘩ルールで戦うのは、ラストのメインの試合です。そういうインディーズの試合も、結局最後は凶器ではなく、何かの技で勝負の決着がつきます。

だから大仁田さんが負ける場合もありますし、大仁田さんが勝つ場合もあるわけで、勝ち負けが最初っから決っているわけではありません。

プロレスは、お客さんに見てもらってこそ意味があります。ですからレスラーの動きというのがとても大事になってきます。

よくアマチュアのレスリングで、一回かかったら全然動かないでじっとしているという場面があります。そうすると、見ていても、面白味が全然ないわけです。

ですから、プロレスの場合は、技をかけるという段取りというのを、最初にある程度決めておく必要があるわけです。

チャンバラで殺陣がありますね。あれと同じようなものです。

こうきたらこうするという動きを、ある程度、暗黙の了解として決めておくんですね。

プロとして皆さんに見せるものですから、動きが大きければ大きいほど、それから技のスピードが早ければ早いほど、皆さんも、「うおーっ」と驚くわけです。

だからそういうのは、最初に殺陣みたいに段取りはつけておきます。

それはパフォーマンスというだけでなく、そういうようにしておかないと動きがなくなったりして、お客さんが見ていても面白くなるからなのです。

そういうことも含めて、最後は、真剣勝負の技で決着をつけるというのがプロレスです。

キャンバスに傷をつけないようにする

ＦＭＷはキャンバスを借りています。リングの一番上に敷いてあるのをキャンバスと言います。キャンバスが切れたら修理にお金がかかります。

ですから、小道具を使う場合は、キャンバスの面でも気を使います。

テーブルには、脚の高さを調整するネジがついています。それでテーブルがガタガタしないように調整するわけです。

会場のテーブルだと、よくそのネジが外れていることがあるんですね。

それがないと、金属の脚の角がキャンバスにひっかかり、キャンバスが切れてしまいます。

だからテーブルを使う場合は、絶対に抜かないようにと、きつく言っています。

本番の時は、それを再確認します。

こちらで机を用意できなかった場合は、どうしても会場のものを使うしかありません。その時は脚の角にガムテープを何枚も巻いて、角を少しでも丸くしてからリングの上に上げています。

第六章　お土産、お知らせコーナー

ミニバット

実際に使った有刺鉄線を活用して作っています。
15センチくらいの大きさです。

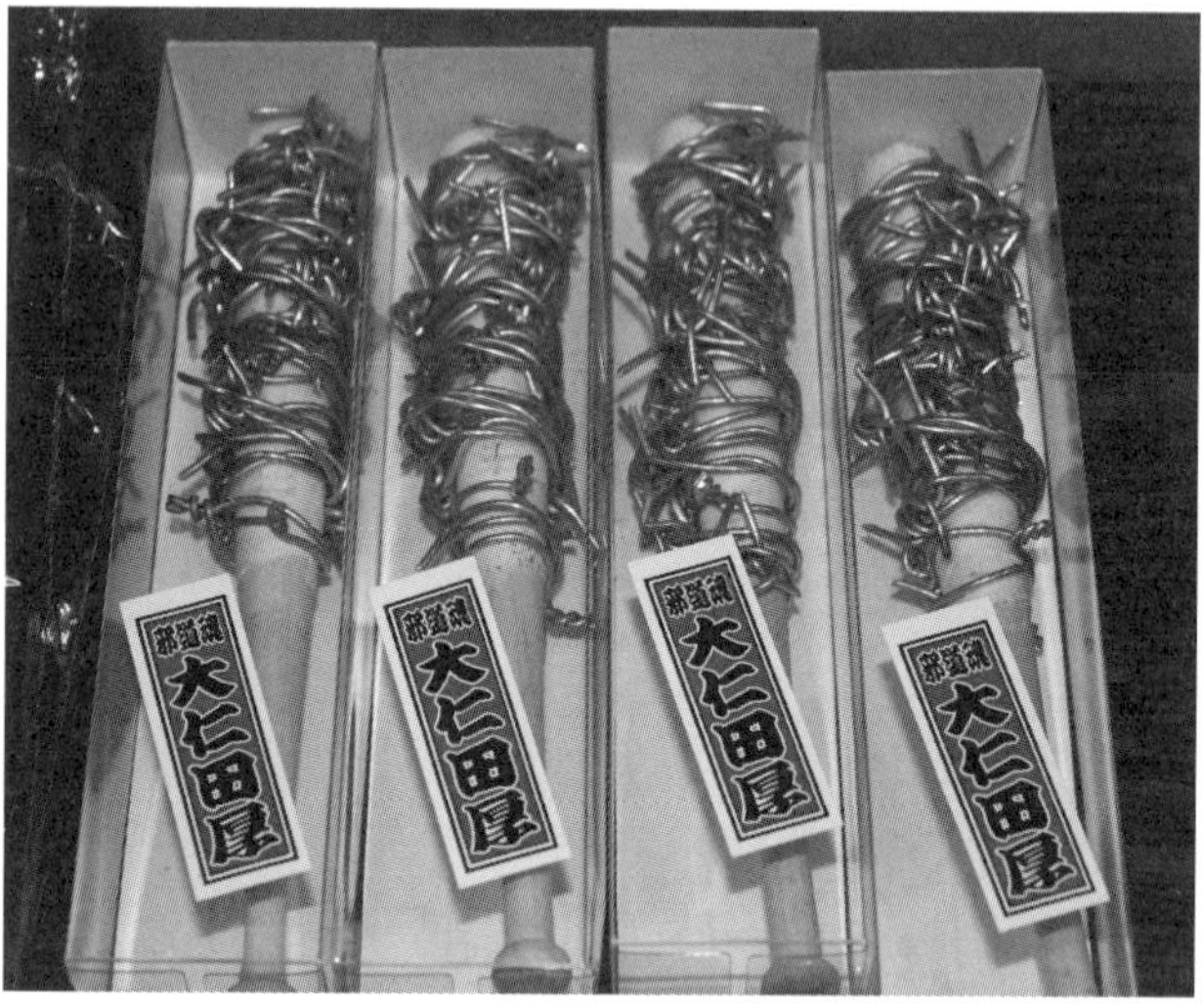

大きさがわかるように携帯と一緒に撮りました

有刺鉄線ミニ板

有刺鉄線試合の記念として、実際に使った有刺鉄線とボードを使って作ります。

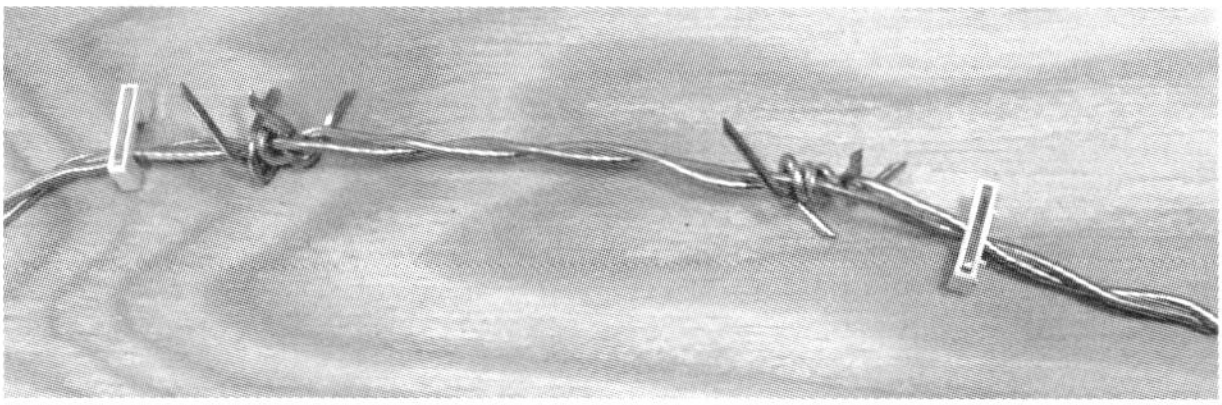

試合で実際に使った有刺鉄線をボードに付けてある

実際に使ったボードを切断する武内さん

有刺鉄線の取り付け

強い恋人

強い恋人というチョコレート菓子を新しい商品として作っています。

あとがき　にかえて

FMWオーナー山近義幸編　「捲き込まれた瞬間《とき》」シリーズ

★「大仁田厚」に捲き込まれた瞬間

今、この〝あとがき〟を書いているこの瞬間。
実はとなりに〝大仁田厚〟がいます。
不思議な組み合わせで、知覧・富屋旅館に泊まりに来ています。
経営者数名と・・・芝居のたぬきさん！と・・・。笑。
実は大仁田厚と知覧と私は〝いわくつき〟です。
十年くらい前になりますでしょうか・・・。

大仁田厚と経営者と知覧に・・・という企画がありました。

が、大仁田厚の当日、体調が悪く、キャンセルという事件が・・・！

その後、お互いに少しギクシャクという状態が続きました。

あとで聞けば、当時のマネージャーともこの件でもめたような話もありました。

笑。

今でこそ、笑えますが、大変な後処理もありました。

大仁田厚という人物は
「芸人」

「アーティスト」

「表現者」

なんだと、最近は思うようになりました。

そう、そう思えるようになりました。

だからこそ、私たち背広組!?　が、
しっかりしないといけないんだ・・・と。

そう考えるようになって、うまく、いっているようにも〝感じ〟ます。
本人はどう思っているか、よくわからないところもありますが・・・。
少なくとも、私の彼へのリスペクト精神は、今、マックスです！

ちゃんと今日、知覧に来てくれたのですから・・・。
どんな理由からであろうと・・・。
彼に、この人に、こういう大物に
〝知覧〟〝富屋旅館〟を味わってもらうことができたのは、大事件！
歴史的な日です。

〝大仁田厚〟・・・・・。これほど、摩訶不思議・・・という言葉が当てはまる人は
少なくとも私の人生では存在しません。

【毒】

と、よく、業界ではされる人です。

正直。

私も、思います。

笑。


が・・・それが有害なのか、利用価値がある毒なのか・・・。

私は、少なくとも、その
〝存在感〟

は、最高級に認めています。

そして、大仁田厚という人物に出会わなければ・・・〝私〟は、この世から消えていたとも本気で思っています。


初期のＦＭＷの大阪府立体育館。

その場に私は、
〝自殺寸前〟
で、一般客として、亡霊のように存在していました。
いや、〝存在感〟なき、存在。
本当に、夢遊病者のようでした。

一〇〇〇万円を起業後に使い果たし、関西ザテレビジョンでも、空回りばかり。

そんなときでした。

ロープ越に有刺鉄線に向かう大仁田厚の姿。叫び。絶叫。
私は〝全否定〟しました。
が、泣いていました！

そして、試合後には、東京のＦＭＷ本社に電話していたのです。

「仲間に入れてくれ。応援させてくれ！」と。


自分でも言うのも、おかしいですが、その日から、私は
「大復活」

を遂げました。

その要因が、すべて〝大仁田厚〟とは言いません。

が、大きなきっかけ・転機となったことは間違いありません。


「好きなことをさせてもらっている感謝。胸、いっぱいに、はちゃめちゃに、やろうぜ！　自分なりのやり方・あり方でいいんだ!!」

彼の、発する言葉はすべてが新鮮で、私にとっての指針となりました。

彼のむちゃくちゃな言動、はちゃめちゃな行動。

すべてが、私をつき動かしたのです！

この文章を、大仁田さんが読まないことを願いますが、正直、小学生のような、よく言えば、ピュアな心を持っている人です。

邪道じゃ！

と、強がっていますが、寂しがり屋で、やっかみやさんで・・・笑・・・ちよっと、いや、かなり・・・目立ちたがり屋さんで・・・。

本当に、手におえない駄々っ子さんな時も多いです。

が・・・「表現者」アーティストなのです。

私はいつのまにか、背広組といわれる彼にとっての存在と成りました。

大仁田厚が作ったＦＭＷ！

一度、追い出された、大仁田さんにとっては、複雑な心境をいつも、爆弾のようにもっていると思います。

が・・・先日の新木場大会で、

「俺は！　俺は‼　俺は!!!　高橋が復活した、ＦＭＷを、絶対に！　絶対に‼　絶対に!!!　潰さん‼!!!　守り抜く!!!!!!」

と、マイクで絶叫してくれた時には、私は泣きそうでした！

ありがとうございます・・・大仁田さん！

心の中でつぶやきました。

知覧から帰った夜の、大会での出来事なのです・・・・。

★「ＦＭＷ」に捲き込まれた瞬間

約三十年前。

大仁田厚に惚れ、プロレスに惚れ、一年が過ぎた頃でしょうか・・・。
大仁田ＦＭＷが川埼球場で大会を開いたのは・・・。
なんと三万人です。
〝おもちゃ箱プロレス〟
ヒューマニズムを味わえるプロレス。
そんな言葉が、ＦＭＷという団体からよく発信されました。

不思議な人たちだ・・・。

私は大仁田厚へのいろんな〝詫び〟と〝試合見たさ〟に、川崎に広島から向かいました。

川崎駅前のワシントンホテルで花束を買い、高橋代表に挨拶し、観客席へ。
確か一人で行ったように記憶しております。

気の小さい私は、控え室に行くでもなく、一人の一般客として、観客席で、見続けました。

・パンディーダ選手の登場！
・女子選手の激しい試合！
・ゴツゴツした第一試合！
・工藤めぐみ選手の美しい試合！
・でっかい外国人選手の闘い！
・わけのわからない爺さんの試合！
そしてラストの
・電流爆破マッチ！

なんじゃこりゃ・・・。
と、またまた？？？と頭がカオスになりながら、途中から涙・・・涙…でした。

大仁田さんには悪いですが、メインの試合だけでは無いんです！

途中の試合から、泣けるんです。
あまりのバカバカしさゆえの涙なのか・・・。
無駄な一生懸命さなのか・・・。
今となってはよく、わからないです。
が・・・涙が止まらないんです。

そして最後の試合。
大仁田厚で、涙。

今、考えれば、不思議とオタク的な熱狂的な信者ファンとは一線を敷いてました。
もしかしたら、この時から、この団体の代表になるのかも・・・と本能で予感していたのかもしれません。

いや、まさか・・・笑。


現実になるとは・・・。


私はこのあたりから、ＦＭＷのビックマッチはほぼ全試合、追っかけました。

これほど、鞄持ちインターンシップがついたり、人と行動するくせに、一人でいった記憶が多いです。

不思議と・・・。


万博会場での地雷爆破が怖かったですね。

「もうわかったら、やめてくれ!!!」

いつになく、思わず、叫んだ記憶があります。

一度。

衝撃的なことがありました。

リング上で、タイトルマッチ宣言したら、冬木弘道という選手が私をリングから投げ捨てたのです。

これ、ほんまに怖かったです。

スーツは破け、名刺入れもすべてぐちゃぐちゃ。

遠慮しろよ・・・と思いましたが、反抗できなかったです。


そのトラウマがあり、リング上は、今でも私は少し怖いのです。

昨日（十二月四日）の福島大会でも、乱

リングに立つ山近オーナー

入したKENSO選手に投げ飛ばされました。観客席の椅子の中に・・・。

が・・・選手や関係者からは、

「リング上でやられれば、よかったのに・・・」

と、酷い言葉の数々。

私は頭も殴打して、痛いのに・・・励ますのが本当だろ！

と、軽くキレそうでした。

ちょい、私たちのような素人には、リングの上から・・・は・・・怖いですよ。

そして、リング・・・って神聖なものだという思いが私には強いです。


鍛えられた選手たちしか・・・上がれない。

そんな気持ちが強いです。

だからこそ、毎週のリングでの練習＆一般の人たちとの〝フィットネスプロレス〟は貴重なのです。

今日（十二月五日）も福島から、〝フィットネスプロレス〟をやっている、竹芝道場に向かいます。

★「有刺鉄線」に捲き込まれた瞬間

当社の初期のころ、私は、広島の本社を中心に〝中四国〟＋〝九州〟を地盤にしていました。

中四国を制覇したら、〝九州〟だ！

と、掛け声をよく社員にかけていました。

そんな中で、大仁田厚の試合には、たまに東京にお忍びで通っていました。

有明での試合だったと記憶しています。

試合後、私の前に有刺鉄線の欠片が飛んできました。

おもわず、手に取り、鞄に入れました。

そして翌日から私のスーツケースには、この有刺鉄線が、〝お守り〟としてついていたのです。

一〇〇〇万円の交渉事にも平気でつけていきました。

国会での打ち合わせにも・・・汗。

財界の大物との会食にも。

よど号ハイジャック事件のご令嬢との会食にも。汗。

「なんですか？　それ？」

と言われれば、「お守りです」。

と回答していました。

笑。


痛みのわかるプロレス！

邪道プロレス！

毒のあるプロレス！

そう言われる大仁田厚とＦＭＷ。

その有刺鉄線を拾った時に、武内さんは、間違いなく、〝近くにいた〟のです・・・・・・・・・・。

笑。

武内さんは、今では必ず、会場で会話します。

親父さんのような存在です。

最近。

私の提案で・・・試合前に、

〝有刺鉄線ボード〟を、リング傍に置いて、触ってもらったり、記念撮影したりのコーナーを作りました。

〝どうせ、細工がしてあるんだろ!?〟

との戦いです。

大好評です。

昨日（十二月四日）の福島大会でも、たくさんの方々が、撮影してくれていました。

一応に、

〝痛ぇ〟

と、顔ゆがめます。

当たり前なのです・・・・。

★「プロレス」に捲き込まれた瞬間

天龍源一郎が引退しましたが、実は私は天竜源一郎の団体ＷＡＲを主催興業していたのです。
それも、広島と山口県由宇町で。
当時の社長の武井正智さんと仲が良くて、なぜか、〝そういうこと〟になりました。
阪神淡路大震災の年だったと記憶しています。
由宇町には一〇〇〇人もの人を集めての話題の大会となりました。
昔ですから、時効ですが、花束ギャルの岡田さんと恋にも落ちました。
(ホテルグランヴィア広島でとんでもない別れ方もしましたが・・・笑)

その後、橋本真也選手との交流・・・そして死別。
華奈選手との講演コラボ。
ウルティモドラゴン選手との二日間の島デー。
大谷晋二郎選手の日本ベンチャー大學講義。
風呂田ＪＭとの出会い。
中島安里紗選手と交流。そして執筆。

新卒プロレス女子版の企画。発刊。
武藤敬司選手の感謝祭乱入。
キラーカーンの店の常連に・・・。
北斗プロレスとのかかわり。
九州プロレスの株主に。
ダブプロレスでの新入社員研修。
ゼロワンとの様々な提携企画。
高橋冬樹選手の鶴見製紙への就職斡旋と成功。
高岩選手の就職の斡旋と退職。
藤ヶ崎矢子選手の鞄持ちインターンシップ。
銘菓・強い恋人の発売！
諏訪魔選手の本の発行と風呂田事件
風呂田さんのリングブライダル。
風間ルミ選手の錦帯橋の会。

藤本つかさ選手の知覧研修。
仙台女子プロレスとの交流
Ｒａｙ選手の相談各種
田尻選手との交流とラジオ出演
ＴＡＫＡみちのく選手との交流とタイアップ各種
長州力と経営者の会
蝶野選手との毎月の会議
藤波選手の奥さまからの買い物
やまもさんとの交流
ターザン山本さんと同郷（岩国）
邪道選手の広島キャンペーン！
スペル・デルフィン選手の出馬相談と経営相談
木村選手と沖縄散策
北朝鮮プロレス報告会／失敗

ハヤブサ選手の広島感謝祭突然の入場。
東京感謝祭の覆面レスラーの占拠。
沖縄プロレスの貸切。
前田日明選手とのガチンコ裁判寸前の論戦と喧嘩。
小川直也のタイトルマッチ宣言
冬木弘道の場外投げ捨て事件とAVギャル・宮城汐音略奪事件。
吉田万里子さんとの交流。
馳大臣への挨拶と高校生の娘さんとの交流。
スターダム立ち上げの相談。
風香JMと大仁田厚のお忍び紹介。
悪斗選手とのへべれけ事件。

などなど・・・。
書いてみると、いろいろとしているもんですね。

笑。

いろんな形で、プロレス業界に貢献したという言い方もできますし、プロレス業界にお世話になったという考え方もできます。

プロレスが〝恩師〟であることは否定しません。

プロレスが無かったら、今の私はありません。

おそらく、会社は倒産。

私は死んでいたでしょう。

少なくとも、体は生きているかもしれませんが、魂は死んでいることは間違いありません。

魂が死んだ体など【石灰】です。

意味がありません。

死んでも魂が生きている生き方をしたい・・・。そう思えるようになったのは私に

とっては
「歴史」と「プロレス」
との出会いに他ならないのです・・・・・・・・・・。

★「神様」に捲き込まれた瞬間

有刺鉄線の神様・武内氏と出会ったのは、もちろん二十年も前の事でしょう。
が、お話ししたのは、当団体の
「上越大会」
からです。
ちゃんと挨拶を奥さまと一緒にいらっしゃるときを狙って、しました。
それからは、会場で少しずつ、お話し、するようになりました。

当社の少しでも利益になれば・・・と、有刺鉄線オリジナルグッズ（一〇〇〇円／有刺鉄線とミニボードを付けたもの／記念品になります。血もたまに着いています・・・笑）も作ってくださいます。

ありがとうございます。

いろんな提言・改善も提案しました！

「有刺鉄線は、本当に怖いものです！　偽物に思われたくない！　開場時から、入口近くに置いて記念写真とかＯＫにしましょう。そのほうが怖さが伝わります」

⇓すぐにしてくださいました。

「有刺鉄線ボードを選手が担いで後楽園ホールは入場しましょう！　あの二階席から・・・」

⇓すぐに大仁田選手と話し合い、有刺鉄線ボード、世界ストリートファイト六人タッグ選手権試合となりました。初です。後楽園の観客席から有刺鉄線と一緒に選手がリングインするのは・・・。

「武内さん。有刺鉄線の本、出しましょう！　武内さんの人生を・・・」
⇓大将がＯＫしたらいいよ。と、協力していただいています。

初めて、ゆっくりとお話ししたのは、川崎駅のカフェです。
二時間くらいお話しを聞きました。

絶頂期の外国人バスの運転手時代の話も笑えました。
豪快過ぎて・・・。

こんな〝職人〟に囲まれた、もう一度、大仁田さんたち！
ＦＭＷの選手たちに川崎伝説！
を体験してもらいたいのです。

改めて、こんな時期に・・・このタイミングで、こんな本・・・を発行してくださる〝高木書房の斎藤信二社長〟に感謝申し上げます。

★「社員」を捲き込んだ瞬間

大仁田厚にとって〝ＦＭＷ〟が家族のように大切な存在ならば、
私にとっての、家族のような〝帰る場所〟は、

〝ザメディアジョン〟です。

自分で作り、自分で育て、その育てた部下たちが、それぞれの関係会社の社長や、部門長となる。

最近、ショックだったことがあります。

ある私の支援者から
「山近さんは、ザメディアジョンでの姿のほうが、素敵です」と。

私にとっての、今の姿は、ザメディアジョンのすがた！　なのです!!!

三十年間、私が〝社長〟をしてきて、ここまで、よく頑張った・・・と思います。
一、二、三！
山近！　よく頑張った、ふぁいやー！

という感じです。

が・・・これから・・・は、変化がキーワードです。

権限委譲が大切です。

そのために、私は新たなポジションを探し求め、大仁田が新日に乗り込んだの如く、ステージをつくろうとしています。

ザメディアジョンの家族のために・・・・・。


社員・・・も、少し、私の新しいステージに捲き込みました。

榊原瑞季・・・。

中京大学出身。松阪が実家。

本当は出版社&人財会社の秘書として入社したのに、今では大仁田厚つき秘書のような存在。

某レスラーに、深夜に叱られて、涙してたこともありました。

が、本当に強くなりました。

能書き侯爵《こうしゃく》御託とは無縁の女性です。

今元英之・・・。

出版社に入社し、教育ビジネスの責任者となり、そして、今ではプロレス会場でも動画の撮影担当・・・。

本当にマルチです。

かなり、おっさんくさくなりましたが・・・。

大仁田厚からは〝編集長〟と呼ばれています。

そして、他の社員たちも・・・。

そして、公認会計士の久馬一朗さんも、世界第七位の保険会社の松崎信一郎さん、日本一のプログラマー風呂田邦郎さんも。

たくさんの、捲き込んだ方々・・・。

本当にありがとうございます。
これからも、よろしくお願いします。

五所川原吾作
弾丸戦士
田中将斗
保坂秀樹
超電戦士
バトレンジャー
リッキー・フジ
佐野直
涙のカリスマ
大仁田厚
菊タロー
ミス・モンゴル
不死鳥
ハヤブサ
来場
女ハヤブサ Ray
菊地毅
ミス・コハル
Ray試練の7番勝負最終
超戦闘プロレス
設立25+2周年記念シリーズ年内最終戦
FMW 原点回帰
W★ING
MONSTER ARMY
バッファロー
橋本友彦
W★ING金村
雷神 矢口
NOSAWA論外
戸井克成
12月22日(火)
午後7時 試合開始
入場料
FMW応援シート……10000円(FMW Tシャツつき)
ウイング応援シート……10000円(ウイング Tシャツつき)
特別リングサイド……7000円
リングサイド……5000円
指定席……4000円
小中高生……1000円(当日のみ)
後楽園ホール
◆前売券販売所◆
後楽園ホール 5F事務所……03-5800-9999
書泉グランデB1……03-3295-0011
チャンピオン(水道橋)……03-3221-6237
チケット&トラベルT-1(水道橋)……03-5275-2778
チケットぴあ(Pコード=594-020)……0570-02-9999
サークルK、サンクス、セブンイレブン発券可
電子チケットぴあ……http://pia.jp/t (PC、モバイル共通)
ローソンチケット(Lコード=35683)……0570-084-003
ローソン、ミニストップ各店
イープラス……http://eplus.jp/battle/ (PC、モバイル共通)
ファミリーマート各店
FMWプロモーション……03-6276-2282
FMWホームページ……http://www.fmwjapan.com/
● 主催 (株)ダイヤモンド・ジャパン・ホールディング FMWプロモーション ● FMWプロモーション 03-6276-2282
出場選手は、負傷等により欠場する事があります。予めご了承下さい。

すべての追伸

実は私は
〝プロレス〟
は、日本の伝統的な分野で、かつ〝日本文化〟と思っています。
ただ単にプロレスが好き。
楽しいから・・・では実はないのです。

だって中国は、進出したけど、全然、根付かないじゃないですか・・・。

韓国は一切、プロレスがない。

なにより、日本のように一〇〇団体が乱立するなんて、世界中、どこを探してもありません。

・受け身論
・ロープ論
・倒れても、倒れても、立ち上がる論
が、通じないのでしょうね。

他国では。


相手の信頼性も・・・。


打ち負かせば、よい！

を、プロレスでは独りよがりと断罪し、

「相手を光らせて勝つ！」

という、外国では理解できない哲学があるのです。


私は、左記のように、日本の伝統、日本で継承しなければいけないこと、に拘り続けています。

この度、〝日本道〟というまったく新しい、最後の〝道がつく習い事〟を開始しました。


一般社団法人・全国日本道連盟も発足させました。
・プロレス
・舞妓さん
・タカラヅカ
・日本舞踊
・巫女の舞
など、ショービジネスと、学びをミックスさせて、大切なモノとコトを若者に伝えていきます。

チラリとお見せします。

ご意見ください。

《《《日本道》》》創設!!!!!!!!!!!!!!!!!! 創始!!!!!!!!!!!!!!!!!!

【【【日本道（商標登録出願中）】】】

柔道・・・剣道・・・茶道・・・華道・・・と、続く、〝道〟の流れを継ぎ「日本の大切なもの」を伝承・継承するための習い事！

主宰／一般社団法人・全国日本道連盟

その一

「日本人が大切にしなければいけない偉人五〇」

その二

「日本人が大切にしなければならない事件・エピソード五〇」

その三

「日本人が語りつがなければつけない〝しきたり〟五〇」

その四
「日本人が語り継がなければいけない神社・仏閣五〇」
その五
「日本人が語り継がなければいけない本五〇」
その六
「日本人が大切にしなければならない歌五〇」
その七
「日本人が大切にしなければならない映画五〇」
その八
「日本人が語り継がなければいけない天皇陛下五〇」
その九
「日本人が語り継がなければいけない総理大臣五〇」
その十
「日本人が敬意を払わなければいけない外国人五〇」

初段
中から一〇個の回答×五ジャンル。
（ネット受験可能）

二段
中から二〇個の回答×六ジャンル。
（ネット受験可能）

三段
中から三〇個の回答×七ジャンル。
＋
審査員と一般の方を前に
「語れる」ことが大切！
このあたりからは、記憶しても伝えられないとアウト!!!!!!!!!!!!!!!

四段

中から三〇個の回答×八ジャンル。

＋

同右

五段

中から三〇個の回答×九ジャンル。

＋

同右

師範

中から三五個の回答×全ジャンル。

＋

武道館で一万人を前に〝伝える〟。

そして拍手で、決定!!

決定!!

（二〇一七年二月十一日／平成二十九年の建国記念日）


いかがですか？

山近義幸
@ダイヤモンド・ジャパン・ホールディング
&ザメディアジョングループ代表（出版&新卒採用&障碍者採用支援
&M&Aコンサル&日本ベンチャー大學経営）

武内正義（たけうち　まさよし）

昭和23年、東京都生まれ。子供の頃、モノづくりが好きで、竹とんぼやチャンバラの刀などを友達の分まで作り遊んでいた。学校を出たあと職業をいろいろと替えている。しかし、その体験が現在にも生きており、大仁田厚大将との出会いによって、有刺鉄線と関わることになる。それから23年、その力をいかんなく発揮し、周りから、有刺鉄線の神様と呼ばれている。

有刺鉄線に捲き込まれた〝神様〟

平成27年12月22日　第1刷発行

企　　画　山近義幸
協　　力　西宮　聡
著　　者　武内正義

発 売 者　斎藤信二
発 売 所　株式会社　高木書房
〒114-0012
東京都北区田端新町1-21-1-402
電　話　03-5855-1280
ＦＡＸ　03-5855-1281
装　　丁　株式会社インタープレイ
印刷・製本　株式会社ワコープラネット

乱丁・落丁は、送料小社負担にてお取替えいたします。
定価はカバーに表示してあります。

 ISBN978-4-88471-804-6 C0075 Printed in Japan

服部　剛
教室の感動を実況中継！
先生、日本ってすごいね

公立中学校の先生が道徳の時間に行った18の授業内容をそのまま掲載。実際に生きた人々の話だけに、日本人の生き方が直に伝わる。「思わず涙。人に薦めています」の感想が届く。
四六判ソフトカバー　定価：本体一四〇〇円＋税

野田将晴（勇志国際高校校長）
高校生のための道徳
この世にダメな人間なんて一人もいない!!

通信制・勇志国際高校の道徳授業。強烈に生徒の心に響く肯定感。生き方を知った生徒達は生まれ変わる。道徳とは、青春とは何か。志ある人間、立派な日本人としての道を説く。
四六判ソフトカバー　定価：本体一〇〇〇円＋税

野田将晴
教育者は、聖職者である。

不登校を抱える親御さん、現場の先生に希望の光が見える。実践記録だけに説得力がある。生徒の存在をまるごと受け入れてくれる教師がいる。生まれ変わった生徒達が巣立っていく。
四六判ソフトカバー　定価：本体一三〇〇円＋税

高山正之
異見自在　世界は腹黒い

事実は小説より奇なり。本音で腹黒い世界をえぐり出してくれる面白さ。知的興奮を味わいながら、歴史の真実をも勉強できる。名著として、いまなお読み続けられている。
四六判ハードカバー　定価：本体一八〇〇円＋税

田母神俊雄
田母神俊雄の日本復権

生き残りの全国最年少特攻隊員の証言を切り口に、日本が日本としてあるべき姿を歴史の真実から読み解き、リーダー論を加えて展開している。戦後の嘘の歴史に騙されてはいけない。
四六判ソフトカバー　定価：本体一三〇〇円＋税

高木書房